부모와 자녀가 꼭 알아야 할 대화법

자녀편

부모와 자녀가 꼭 알아야 할 대화법

자녀편

이정숙 지음

나무생각

부모와 자녀가 꼭 알아야 할 대화법

누구나 어릴 때는 부모의 태도가 마음에 들지 않으면 '부모라고 다 부모야. 부모다워야 부모지.'라고 생각한다. 그리고 부모라면 자식이 원하는 것은 다 들어주어야 한다고 믿는다. 그러나 부모는 신이 아니다. 부모는 단지 자식들보다 조금 더 오래 살아 경험이 많을 뿐 자식들과 똑같은 인간일 뿐이다.

부모도 개인별로 능력이 다 다르기 때문에 모든 부모가 자기 자식들의 요구를 다 들어줄 수 있는 것도 아니다. 따라서 부모가 자신의 요구를 들어주지 못한다고 해서 불평해봤자 서로 상처만 주고받을 뿐이다. 게다가 부모가 능력이 있어 자식의 요구를 다 들어주어도 그 자식들이 만족스러워하지도 않는다. 부모가 잘해주면 잘해줄수록 더 잘해줄 것을 기대해 오히려 더 많은 불만을 터뜨리는 것이 자식이다. 잘 사는 집 아이들이 종종 문제아가 되는 것도 그 때문이다.

반면에 부모에게 구박받고 고통받으며 어려운 환경에서 성장해도 성공하는 사람도 많다. 어머니가 네 번이나 결혼하고 아버지가 누구인지도 모른 채 걸핏하면 가죽 혁대로 때린 의붓아버지 성을 딴 빌 클린턴은 미국 대통령에 두 번이나 당선되었다. 노무현 대통령은 집이 너무 가난해서 일찍 학교를 마치고 돈 벌려고 상업고등학교에 갈 정도였으니 당연히 부모가 돈도 원하는 만큼 못 주고 편안하게 공부만 하도록 뒷바라지하지도 못했을 것이다. 그런데도 그는 사법고시에 합격하고 대통령까지 되었다. 도올 김용옥 교수는 어머니에게 무수히 많은 매를 맞고 자랐지만 이 시대에 존경받는 철학자로 우뚝 섰다.

　　이처럼 어떤 부모 밑에서 태어났느냐보다 더 중요한 것은 부모와 어떻게 지냈는가가 더 중요하다. 부모가 내 요구를 들어주지 않는다고 불평하는 자식인 내가 먼저 부모 마음을 헤아려 부모 마음에 드는 자식이 되려고 노력해보자. 그렇게 하면 부모의 능력이나 태도에 관계없이 모든 어려움을 극복하고 성공할 수 있을 것이다. 부모의 태도가 마음에 들지 않는다고 반항하면 그 순간에는 속이 시원할지 모르지만 긴 인생에는 전혀 도움이 되지 않는다.

　　반드시 부모만 자식과 대화하려고 노력할 의무가 있는 것이 아니다. 자식도 부모 마음을 헤아리고 대화를 하려고 노력해야 한다. 사실 자식들이 조금만 넓은 마음으로 부모의 심정을 이해하면 부모와의 대화가 그렇게 어렵지도 않다. 그러나 지금까지는 누구도 부모와의 대화 요령을 가르쳐주지 않았을 것이다. 그래서 이 책은 자녀가 부모와 대화 나누는 핵심 노하우를 전달하려고 썼다.

지금까지 부모가 나를 대하는 태도가 싫어 피해왔다면 지금부터라도 이 책 내용을 터득해 부모와 대화해보자. 부모와 대화가 잘 되면 모든 문제가 쉽게 풀릴 것이다. 그것은 관계의 기초이고 성공의 원동력이기 때문이다.

2004년 11월

이정숙

contents

contents

2부 부모와 대화가 통하는 자녀의 말하기 전략 10

1부

상황에 따른 부모님과의
대화 장애물 넘기

사람은 다른 사람에게 어떤 행동을 했느냐에 따라 행복이 결정된다.
남을 행복하게 해주려고 하면 그만큼 자신도 행복해진다.
자기 자식에게 맛있는 것을 사주고 그가 좋아하는 것을 보는 것은
부모의 기쁨이다. 이는 형제간, 친구간, 이웃간, 나아가 낯선 사람
사이에도 공통되는 이치다. 남에게 관대해졌으면 그만큼 내 마음이
넉넉해지지만 만일 인색해졌으면 그만큼 내 마음도 좁아진다.

― 플라톤

부모님과 대화가
통하지 않는다고 느낄 때

　자녀가 부모님과 대화가 통하지 않는다고 생각하는 이유는 실제로 대화가 통하지 않아서라기보다 부모는 이래야 한다는 고정관념 때문이다. 그 고정관념은 부모는 항상 자녀에게 잘해주어야 한다는 것인데 매우 이기적인 생각이다. 그러나 자녀들이 조금만 이기심을 버리면 부모님과 즐겁게 대화할 수 있다.

　지금 이 순간까지 부모님과 대화하기 싫었다면 이 책에서 원인별로 설명한 것들을 실천해보자. 부모님과의 대화가 즐거워질 것이다.

부모님이 잔소리만 할 때

부모 잔소리 듣고 싶은 자식은 없을 것이다. 듣기 좋
은 콧노래도 한두 번 들으면 지겹다는데 듣기 싫은
잔소리야 오죽하겠는가? 자식들이 부모에게 노상 듣는 잔소리는
"컴퓨터 그만 끄고 공부해라.""친구들하고 싸돌아다니지 말고 집
에서 공부해라.""머리 모양이 그게 뭐냐.""양말 좀 뒤집어서 벗
어놓지 마라.""잠자리 정리 좀 해라.""돈 좀 아껴 써라." 등 끝도
없다.

부모님의 잔소리는 대부분 자식들이 하고 싶은 일을 막는
말들이다. 그래서 부모님의 잔소리가 더욱 싫은 것이다. 그러나
자식들은 부모님이 자기가 무슨 짓을 하건 가만히 내버려둔다고

해서 좋아하지도 않는다. 부모님의 잔소리가 싫기는 하지만 잔소리를 하지 않으면 어쩐지 부모님의 사랑을 덜 받는 것 같아 오히려 섭섭해하기도 한다. 그래서 부모님이 형제 자매 중 누구에게는 잔소리를 하고 누구에게는 하지 않으면 자식들은 "왜 언니한테는 옷 따뜻하게 입고 가라고 말하면서 나한테는 아무 말도 안 해?" "난 늦게 들어와도 괜찮아? 왜 나한테만 일찍 들어오라고 안 해?" 하며 부모님을 원망한다.

조금 더 시간이 지나 인생의 쓴맛을 깨닫게 되면 그제야 부모님이 결혼을 마지못해 허락했거나, 학교를 그만두겠다는 것을 말리지 않은 것까지도 "왜 그때 말리지 않으셨어요?"라며 원망하는 것이 자식이다. 그러니 부모 노릇이 얼마나 어려운지 자식들도 알아야 한다. 자식들도 머지않은 장래에 부모가 될 것이고 그러면 그 자식들도 지금의 자식들인 자신들과 같은 투정을 할 것이기 때문이다.

부모는 누구나 의당 자식에게 받아야 할 부모 대접이 있다고 생각한다. 부모 대접이란 자식이 부모 말을 믿고 따르는 것이다. 부모도 사람이기 때문에 자식이 자신을 부모로 대접하지 않으면 괘씸하고 분한 마음이 생긴다.

부모 자식간에 대화가 안 되고 쓸데없는 갈등으로 불행해지는 이유는 자식도 부모 못지않게 부모 사정을 헤아리려고 노력해야 하는데 자식은 그런 생각조차 하지 않기 때문이다.

부모님이 걱정돼 하는 말도 '그냥 내버려두면 알아서 잘할 텐데 왜 그러시지?'라며 짜증부터 낸다. 이런 상황이 지속되면 될수록 부모 자식 사이는 점점 멀어질 뿐이다.

자신이 생각하기에 부모님의 잔소리가 부당한 것 같고 말도 안 되는 소리 같아도 절대 말대꾸는 하지 말아야 한다. 그것이 부모님에 대한 기본 예의다. 부모님의 잔소리를 피하면서도 관계를 해치지 않는 가장 쉬운 방법은 애교 작전이다. 잔소리하는 부모님께 "제가 정말 죽을 죄를 지은 거죠? 그렇지만 자식이니까 용서해주실 거죠?"라고 애교를 부리는데 계속 잔소리를 늘어놓을 부모님은 안 계실 것이다.

부모의 잔소리가 계속되는 것은 대부분 자식들의 대응 방법이 잘못되었기 때문이다. 자식들이 부모의 잔소리에 잘 대응하면 얼마든지 피해갈 수 있다. 타고난 애교가 없어도 "저 숙제해야 하는데 그냥 여기 있을까요?" 등의 핑곗거리를 만들어 그 자리를 피하면 부모님의 잔소리를 크게 줄일 수 있다.

그렇다고 입을 꾹 다물고 대꾸하지 말라는 말은 아니다. 대꾸 없이 입을 다물고 있으면 부모님의 잔소리는 오히려 거세진다. 말할 때 반응을 보이지 않으면 무시당한다는 느낌을 주기 때문이다. 그런데도 말을 하지 않는 것이 말대꾸하는 것보다는 부모님을 덜 화나게 한다. 말대꾸 못지않게 부모님을 화나게 하는 것은 부모님의 말씀이 채 끝나기도 전에 방문을 쾅 닫고 나가는 태도다. 이런 행동은 부모에 대한 정면 도전으로 여겨져 어느 부모건 화가 머리 끝까지 나 "너 이리 다시 못 와. 이게 부모를 뭘로 알고." 하며 울화통을 터뜨리게 만든다. 자식이 부모 마음에 상처를 주면 잔소리가 줄기는커녕 더 심해질 것이다.

부모님의 말이 궁상맞게 들릴 때

"그걸 버리면 어떡하니? 아직도 멀쩡한데." "치약을 아무 생각 없이 푹푹 짜면 어떡해. 밑에서 위로 차근차근 짜야 더 오래 쓸 수 있잖아." "왜 운동화를 꺾어 신어." "이게 다 먹은 거야? 그렇게 많이 남기면 벌받는다." 등 어른들의 이런 말은 꿈 많고 물질적인 풍요를 누려온 자식들에게는 궁상맞게 들릴 뿐이다. 그래서 성질 급한 자식은 부모님이 이렇게 말씀하시면 자기도 모르게 '궁상맞기는' 하고 중얼거리게 된다.

그러나 자식들은 부모님이 그렇게 쫀쫀하게 살았기 때문에 자식이 원하는 것을 해줄 수 있음을 알아야 한다. 아마 나의 이 말을 듣고 "무슨 말씀이세요? 부모님이 원하는 것을 다 해주신다고

요? 그 반대예요. 반대."라고 항의하고 싶은 자녀도 있을 것이다. 내 말은 부모 세대가 자기 부모에게 받은 것에 비해 지금의 자식들은 상대적으로 넘치게 받고 있다는 말이다.

우리들의 부모 세대는 너무 가난하게 살아 대부분 부모로부터 먹을 것, 입을 것조차 제대로 공급받지 못했다. 우리나라 근대사를 보면 전쟁뿐만 아니라 혁명과 정변이 많아 부모 세대는 생사를 넘나드는 위기도 많이 겪었다. 그래서 언제 닥쳐올지 모르는 위험에 대비하려고 항상 돈을 아껴야 했다. 그러다 보니 금전적인 여유가 있더라도 자식들이 원하는 것을 다 들어주지 않고 나중을 위해 저축해야 마음이 편하다. 물론 자신을 위해서라기보다 자식을 위해서 말이다.

사실 우리가 밥먹기 싫다고 투정부리고 새 옷도 마음에 안든다며 팽개칠 만큼 잘살게 된 것은 불과 얼마 전부터다. 부모님의 기준으로 보면 자신의 청소년기와 비교해 자식들은 호강에 겨워 말도 안 되는 투정을 부리는 것이다. 그래서 부모님은 그토록 뒷바라지를 잘 해주는데도 공부에 전념하지 않고 부모 말도 잘 듣지 않는 자식의 태도를 참지 못하는 것이다.

부모는 자식이 자신이 겪은 고통을 겪지 않고 남부럽지 않게 살려면 공부를 잘하고, 항상 단정하게 차려입고, 생활 태도도 남들보다 좋아야 한다고 믿는다. 남이라면 그런 고통을 겪건 말건 상관할 필요가 없지만 내 자식이기 때문에 그런 고통을 겪지 않게 하려고 귀에 못이 박이도록 잔소리를 하는 것이다.

다시 말해서 부모님은 순전히 자식들 뒷바라지를 잘 하려고 근검절약을 생활화한다는 말이다. 그런 분들에게 쫀쫀하다느니 궁상맞다느니 하며 반항해봤자 통할 리도 없고 오히려 부모 마음도 몰라준다는 쓴소리만 들을 것이다.

요즘에는 각종 아르바이트 자리가 많아졌다. 부모 말이 궁상맞게 들리면 부모님들이 어렸을 때 그랬던 것처럼 식당이나 편의점에서 아르바이트를 해보라. 부모님이 왜 돈을 아껴야 한다고 주장하는지 이해가 될 것이다. 돈 벌기가 얼마나 어려운지도 알게 될 것이다. 아르바이트를 하기 싫으면 그 동안 부모님이 어떻게 살아왔는지 여쭤보아라. 그러면 부모의 태도를 조금 더 이해할 수 있을 것이다.

상대방의 처지를 이해하는 것이 대화를 트는 가장 중요한 일이다.

심한 세대차를 느낄 때

요즘은 세대차를 보통 6개월이라고 말한다. 그만큼 세상이 빠르게 변해 세대차 간격이 좁아졌다는 말이다. 세대차란 유년기에 경험하는 생활방식이 다른 데서 오는 견해차를 말한다. 사람은 유년기에 겪은 경험을 토대로 인성과 가치관이 만들어지기 때문에 태어난 시기가 다르면 당연히 사고방식도 달라진다. 태어나자마자 승용차를 타본 사람과 걸어서 몇 리씩 다녀야 했던 사람의 세상 보는 눈이 같을 리 없다. 어려서부터 인터넷을 마음대로 이용할 수 있는 세대와 워드를 간신히 사용할 수 있는 세대 간에도 가치관과 생각이 같을 수 없다.

그렇다면 거의 30년 나이 차가 나는 부모와 자식 사이에는 얼마나 많은 세대차가 날 것인지 짐작하기란 어렵지 않다. 그 때문에 부모와 자녀들은 옷차림, 헤어스타일, 공부와 말하는 방법, 사물을 보는 관점 등 세세한 부분까지도 의견이 다를 수밖에 없다. 따라서 자식들만 부모와 세대차를 느끼는 것이 아니라 부모도 자식들 못지않

게 자식들과 세대차를 느낀다. 그래서 종종 친구들끼리 모이면 "도대체 요즘 애들은 종잡을 수가 없어. 이해가 안 돼."라고 말하며 한숨을 내쉰다. 부모 입장에서는 자신의 생각을 말로 다 하려면 한도 끝도 없지만 자식 이기는 부모 없다는 생각 때문에 많이 참는다는 것이다.

　　자식들이 보기에는 부모님이 잔소리를 입에 달고 사시는 것 같지만, 부모는 30년 가까이 세대차가 나는 자식들의 비위를 맞추려고 최소한의 잔소리만 하는 것이다. 그런데 자식들은 대부분 부모 비위를 맞추어야 한다는 생각은 안 한다. 거기서 대화가 막힌다. 그러나 자식도 부모 세대를 어느 정도는 이해하려고 노력해야 부모 자식간의 대화가 쉬워진다. 자식들은 가만히 있고 부모만 노

력하라고 하면 자식과 부모 사이를 가로막고 있는 장벽은 절대 없어지지 않을 것이다.

자식은 최소한 부모가 살아오면서 어떤 생활을 했는지 정도는 알아야 한다. 그렇지 않으면 부모는 부모대로 자식들의 일거수일투족이, 자식들은 자식들대로 부모의 일거수일투족이 마음에 들지 않아 부모 자식간이 남보다 못한 불편한 관계가 된다.

고1인 진화는 머리를 자를 때마다 어머니와 세대차를 느낀다며 투덜댄다. 이제 막 머리를 자르고 왔는데 어머니가 "사내 녀석 머리가 그게 뭐냐? 그게 깎은 거냐?" 하며 다시 자르고 오라고 화를 내시기 때문이다. 진화는 유행에 따라 앞머리와 옆머리를 모두 치지 않고 나머지만 잘랐는데 어머니는 옆과 뒤를 바짝 친 군인 같은 머리를 좋아한다. 진화는 항상 어머니의 요구가 마음에 들지 않아 어머니가 그렇게 말씀하셔도 못 들은 척하며 지나가곤 했다. 진화는 어머니가 군인처럼 바짝 자른 머리를 좋아하는 것을 보고 '세대차'라고만 생각한다. 그래서 머리를 자르러 갈 때마다 여간 마음이 불편하지 않았다.

그러나 진화가 조금만 부모 세대를 이해했다면 "알겠습니다. 다음에는 그런 머리로 잘라볼게요. 그런

통금시간 됐다!
떠어ㅡ!

데 요즘에는 이런 스타일로 안 자르면 애들이 촌스럽다고 같이 안 놀려고 해요."라고 어머니를 설득해 자신이 원하는 헤어스타일을 하면서도 어머니 마음을 편하게 해드릴 수 있었을 것이다.

부모 세대를 이해하고 부모와 편하게 대화하려면 부모 세대의 삶을 어느 정도는 이해해야 한다. 부모님의 어린 시절은 자식인 우리들의 어린 시절과 많이 다르며, 부모님은 모든 것을 자신이 살았던 문화적 관점에서 볼 수밖에 없기 때문이다. 그래서 부모들은 걸핏하면 "옛날에는…." "내가 너희들만 했을 때는…." 등의 훈계조로 말씀하시게 되는 것이다. 자식들은 부모님이 그렇게 말씀하시면 즉각 "에이, 또 그 얘기."라며 퉁명스럽게 반응하지만 부모님은 자신이 어렵게 자란 어린 시절과 지금 자식들이 누리는 풍요로운 어린 시절을 단순 비교할 수밖에 없기 때문에 자기도 모르는 사이에 그런 식으로 말할 수밖에 없다.

사람의 가치관은 자신이 자라온 환경에 따라서 달라진다. 세대차도 알고 보면 가치관의 차이라고 할 수 있다. 따라서 자식은 자신의 가치관만 옳다고 주장할 것이 아니라 부모님의 가치관도 어느 정도 이해해야 부모님과 좋은 관계를 유지할 수 있다.

공부하라는 말만 되풀이할 때

요리사를 지망하는 아들에게 트럭 기사인 아버지가 "애비가 자식에게 기대하는 것도 잘못이란 말이냐." 하며 공부해서 좋은 직업을 가져야 되는데 엉뚱한 생각을 한다고 원망할 수 있다. 자식 입장에서는 '부모님이 내 인생을 대신 살 것도 아닌데 왜 그러시는 거야?'라고 생각할 수 있지만 부모님 입장은 조금 다르다. 부모가 기꺼이 부모 노릇을 하는 이유는 자식을 통해 자기 꿈을 이룰 수 있다는 희망 때문이다. 그런 말을 하면 자식이 부모의 부속품이냐고 따지고 싶은 사람도 있을 것이다. 그러나 부모도 인간인데 아무런 보상 없이 무조건 자식을 위해 희생만 하라고 말할 수는 없는 것이다.

많은 부모들이 공부를 못해서가 아니라 가정 형편이 어려워 공부를 포기하고 자신의 꿈을 접었다. 그러니 부모가 자식을 통해 꿈을 이뤄보겠다는 소망을 갖는 것은 너무나 정당한 일이다. 대학 안 가고 미용을 배우겠다고 말하는 딸에게 공무원인 어머니가 "그래도 좋은 대학 가서 공부 열심히 해서 존경받는 사람이 되어야 하지 않겠니?"라고 말한다고 해서 부모의 꿈만을 강요한다고 우길 수는 없지 않은가?

부모님은 자신이 못다 이룬 꿈을 자식이 이루어주기 원할 뿐만 아니라 자식이 나보다 잘돼 남들에게 존경받는 지위에 오르기를 더 간절히 원한다. 물론 이제 세상이 많이 달라져서 공부 잘하는 것보다 일찍부터 기술을 익히거나 장사를 시작한 사람이 크게 성공하기도 하지만 부모 세대는 공부 잘하는 사람들만 대접받고 살았다. 그래서 어려서부터 장사나 기술을 배워 돈을 많이 번 부모님도 같은 또래의 공부를 많이 한 사람들을 평생 부러워하며 사셨다.

부모들에게 학교 공부는 미래의 지표이며 성공의 보증수표였다. 그 때문에 입만 열면 자식들에게 '공부, 공부' 하면서 공부 잘하라고 외치시는 것이다.

물론 자식들도 그것을 잘 알고 있을 것이다. 하지만 나름대로 죽을힘을 다해 공부해도 부모님을 만족시킬 수 없어 부모님의 공부하라는 말이 부담스러울 것이다.

그러나 자식들이 정말로 부모님의 공부하라는 말이 듣기 싫다면 앉아서 불평만 늘어놓지 말고 부모님과 적극적으로 협상을 벌여보아라. "그렇게 말해봤자 저더러 세상 물정을 몰라서 그런 말 한다며 화만 내실 걸요."라고 지레 겁먹지 말고 치밀한 전략을 세워 시도해보라. '까짓 거 밑져야 본전이다. 시도했다가 부모님께 야단 좀 맞으면 어떤가?'라는 배짱으로 부모님께 자신의 생각을 전하면 얼마든지 성공할 수 있다.

물론 부모님과 협상하려면 무턱대고 말을 꺼내서는 성공하기 어렵다. 사전 준비를 철저히 해야 한다. 내가 알아서 공부하면 얼마 동안 어느 정도의 성적을 올릴 수 있다거나, 공부 대신 요리를 배우면 장래가 어떻게 달라진다는 등의 자료를 철저히 챙겨 냉정하게 논리적으로 말씀드려야 한다. 자식이 확신을 가지고 말하면 웬만한 부모님도 받아들이신다.

그러나 부모에 따라서는 그러한 시도를 해도 막무가내로 공부하라는 말만 되풀이하실 수도 있다. 그럴 때는 다음과 같은 방법으로 해보라. 부모님에게 두 달만 공부하라는 말을 멈추면 성적을 올리겠다는 제안을 하는 것이다. 한 달 가지고는 성적 올리기가 어려우니 두 달 정도로 하는 것이 좋다. 반에서 40등 하는 학생이 두 달 후 반에서 3등으로 성적을 올리겠다고 약속을 하라는 것이 아니라 35등쯤 하겠다고 말하고 그런 식으로 차츰 성적을 올리겠다는 구체적인 제안을 하면 된다. 부모님도 자식들에게 막연하게 공부하라고 할 뿐 구체적인 대안이 없기 때문에 자식들이 구

체적인 계획을 세워 말하면 받아들이실 것이다.

　　자식이 눈에 띌 때마다 공부하라고 성화를 부리시는 부모님도 계시지만 좀더 세련된 분은 공부하라는 말 대신 문제집을 잔뜩 사다 주고는 "그 책 다 풀면 성적이 올라갈 거다."라고 돌려서 말씀하시기도 한다.

　　자식들이 내가 원하는 방법으로 공부해야 잘 된다고 주장해도 부모님이 막무가내로 우기신다면 자식들은 정말로 답답할 것이다. 그러나 자식은 부모 품안에 있고 부모의 보살핌 없이는 잠시도 살기 어려운 존재이므로 부모님의 공부하라는 잔소리를 피할 방법은 없다. 피할 수 없는 일은 피하려고 해보았자 마음에 상처만 입게 된다. 그러니 속으로 끙끙 앓지 말고 부모님에게 꼼꼼하게 짠 계획표를 들고 가 대화를 청해보라.

친구를 인정하지 않을 때

낯을 많이 가리는 성격 탓에 간신히 친구 한 명을 사귀었는데 부모님이 그 친구가 마음에 안 든다며 절대 그런 애랑 어울리지 말라고 말씀하시면 누구라도 화가 날 것이다. 부모님은 항상 "너보다 나은 애들과 어울려라."라고 말씀하시지만 '나보다 나은 애들이 나하고 놀아주지 않는데 어떻게 같이 놀아요?'라고 생각할 것이다.

재석이는 수능 100일을 남겨두고 친구 문제로 부모님과 갈등을 빚더니 성적이 뚝 떨어졌다. 그래서 대학에 갈 수나 있을지 모르겠다는 고민에 빠졌다. 재석이는 워낙 친구 사귀는 데 서툴러서 중학교 다니는 동안 내내 왕따를 당했다. 고등학생이 되자 아이들

이 왕따를 시키지는 않았다. 그러나 끼리끼리만 놀아서 재석이에
게는 친구가 없었다. 재석이는 고등학생이 된 후에도 적극적으로
친구들에게 먼저 말을 걸지 못해 친구를 사귀지 못했다.

그래서 재석이는 고3 올라올 때까지 친구를 단 한 명도 사
귀지 못하다가 고3이 된 후 간신히 학원에서 만난 한 반 친구 규환
이와 사귀었다. 그 친구 역시 재석이 못지않게 소심해 친구가 거
의 없었다. 규환이는 약속도 잘 안 지키고 생활 태도도 썩 좋지 않
았지만 재석이에게는 처음으로 사귄 친구이자 유일한 친구였다.

그런데 어느 날 규환이가 재석이에게 체육복을 빌려달라고
해서 빌려주었더니 한 달이 넘도록 돌려주지 않았다. 재석이는
체육복 돌려달라는 말을 꺼내지 못해 다른 애들에게 빌려 입기까
지 했다. 그러나 재석이는 워낙 다른 애들에게 말 붙이기를 힘들
어해 체육복을 더 이상 빌려 입을 수 없어 하는 수 없이 규환이에
게 체육복을 돌려달라고 했다. 그러자 규환이는 꾀죄죄해진 체육
복을 돌려주며 되려 화를 냈다. 재석이 역시 화가 났지만 워낙 친
구를 처음 사귀었기 때문에 참아야 한다고 생각했다.

그런데 꾀죄죄해진 체육복을 보고는 어머니께서 자초지종
을 캐물었다. 재석이는 하는 수 없이 어머니에게 규환이에 대해
서 털어놓았다. 그랬더니 어머니는 버럭 화를 내며 "뭐 그딴 애가
다 있니? 너는 어디 사귈 애가 없어서 그런 애하고 어울려 다녀?
당장 그만 만나." 하며 야단을 치셨다. 재석이는 어머니에게 야단

을 맞기 전까지만 해도 규환이와 헤어질까 하고 생각했었는데 어머니께서 규환이 험담을 하시자 갑자기 '나한테는 그 친구 한 명밖에 없는데.'라는 불안한 생각이 들었다. 그래서 어머니에게 "저한테는 그 친구밖에 없어요."라고 규환이를 두둔하기 시작했다.

어머니는 재석이의 태도가 못마땅해서 더욱 화를 내셨지만 재석이는 이제 더 이상 학교에서 친구 없이 혼자 지내는 것이 힘들어 싫든 좋든 졸업할 때까지는 그 친구와 놀아야겠다는 생각을 굳혔다. 재석이의 태도가 단호하자 어머니는 재석이가 규환이와 어울리지 못하도록 감시하기 시작하셨고 재석이는 그런 어머니의 눈을 피해 규환이의 환심을 사려고 더욱 은밀하게 움직였다. 그러다 보니 재석이의 성적은 점차 추락해 대학을 갈 수 없을 정도까지 내려가고 말았다.

자식들에게는 부모님이 자식의 사정을 헤아리지 않고 친구를 가려 사귀도록 하는 것이 야속해 반발할 수도 있다. 그러나 전후 사정을 고려하지 않고 반발만 할 것이 아니라 부모님의 입장을 조금이라도 이해하려고 노력해야 훗날 낭패를 보지 않는다. 부모님을 이해하려는 노력은 부모님을 위해서라기보다 자기 자신을 위해서다. 부모님과 감정 싸움을 벌이면 자기 자신이 더 괴롭지 않은가?

사실 부모님이 자식 입장을 전혀 몰라서 "이런 친구는 사귀지 마라." 하고 말씀하시는 것은 아니다. 부모님은 자식보다 더 인생 경험이 풍부하시기 때문에 그 동안의 경험을 통해 그런 친구에게 쏟아붓는 열정이 다른 일을 방해해 결국에는 후회하게 될 거라는 것을 잘 알기 때문에 그러시는 것이다.

　　따라서 부모님이 내 친구를 싫어한다고 해서 무조건 흥분할 것이 아니라 왜 그 친구를 멀리하라고 하시는지 냉정하게 점검해보는 것이 좋다. 또한 사람이란 누구나 내가 싫어하는 사람을 누군가가 감싸면 더 싫어지는 법이다. 그러니 부모님이 내 친구를 못마땅해하면 무조건 "좋은 앤데 왜 괜히 싫어하세요?" 하며 감쌀 것이 아니라 "저는 그 애보다 좋은 친구 사귈 능력이 안 되나 봐요. 저한테는 그 애밖에 친구가 없거든요. 다른 친구 사귈 때까지만 함께 다닐게요."라고 객관적으로 말하는 것이 좋다. 괜히 필요 이상으로 친구를 감싸 부모님과 갈등을 일으키면 불편해서 정신적인 고통만 커진다.

두려움 때문에 갖는 존경심만큼 비열한 것은 없다.

— 알베르 카뮈

부모님께
뭔가를 요구할 때

자녀는 부모의 경제적인 도움을 받아야 하기 때문에 부모에게 요구할 일도 많다. 그러나 부모는 자신들의 능력 안에서 생계를 꾸리고 자녀 뒷바라지도 해야 하기 때문에 자녀들이 원하는 것을 다 들어줄 수 없다. 부모가 자식의 요구를 들어주지 못하는 데는 크게 두 가지 이유가 있다. 첫째, 자녀들의 요구가 이해가 안 되기 때문이다. 둘째, 자녀들의 요구가 부모의 능력을 벗어나서다. 그렇기 때문에 자녀들은 부모님께 자신의 요구사항을 성공적으로 관철시키려면 고도의 설득력을 발휘해 부모의 자발적인 승낙을 받아내야 한다.

막무가내로 떼를 쓰거나 화를 내 자신의 요구사항을 관철시키면 결과적으로는 부모님을 설득한 것 같아도 상처가 남아 부모님과 관계가 불편해진다. 따라서 부모와 좋은 관계를 유지하면서도 요구사항을 관철할 수 있는 설득력은 매우 중요하다. 여기서 그 방법들을 모색해보자.

용돈 인상을 원할 때

사실 부모님은 아직은 자식이 어리니까 돈이 별로 필요 없을 거라고 생각하시지만 어린 자식들도 부모님께 일일이 말하기 어려운 사교 생활이 있다. 휴대폰의 알을 사거나 자신만의 아바타를 꾸미거나 미니홈피를 꾸미는 데 필요한 도토리를 사는 데도 돈이 필요하다.

　　그래서 자식들은 부모님께 슬쩍 거짓말을 해서 용돈을 더 타거나 다른 방법으로 용돈을 충당하고 싶은 충동을 느낄 때가 많다. 가끔은 부모님을 속이기가 미안해서 정식으로 용돈을 올려달라고 해보지만 부모님은 별로 깊이 생각해보시지도 않고 "애들한테 무슨 돈이 그렇게 많이 필요해." 하며 딱 잘라 거절하시기 때문에 용돈에 관한 말을 꺼내기가 여간 어렵지 않다.

그러나 사실은 자녀들이 잘 몰라서 그렇지 우리나라 부모님들만큼 자녀들 용돈에 후한 분들도 드물다. 그래서 미국의 청소년들은 우리나라 청소년들을 가장 부러워한다.

나의 두 아들이 중학교 때부터 미국에서 학교를 다녀 이 문제에 대해 살펴볼 기회가 많았는데 미국 청소년들은 절대 군것질거리를 사거나 불필요한 장난감을 사기 위해 돈을 쓰지 않았다. 웬만한 중산층의 미국 청소년들은 자기가 벌지 않으면서 부모에게 돈을 타펑펑 쓰는 것은 아예 상상조차 하지 않는다. 그들은 단 1달러를 사용하는 데도 어떻게 하면 절약해서 쓸 것인가를 고민하고, 심한 경우에는 어려서부터 부모님께 돈을 빌려 쓰고 나중에 자라서 반드시 갚는 방법을 택하기도 한다.

미국의 부자들은 그보다 더 심하다. 한 미국 중산층 학생이 워싱턴 시의 한 고등학교에서 록펠러의 증손자와 부시 대통령의 아들과 함께 공부를 했다. 그 학생은 무엇보다 부자 아버지를 둔 그들이 과연 용돈을 얼마나 쓰는지가 궁금했다고 한다. 그래서 물어보았더니 그들의 용돈이 자신의 용돈과 같았다고 한다.

미국인들은 세계적인 부와 권세를 가진 사람들도 자기 자식에게 용돈을 조금밖에 주지 않는다. 그들은 돈 쓰는 방법을 모르는 어린아이들에게 돈을 많이 주면 낭비하는 습관이 생기고, 낭비하는 습관은 결국 자식을 망친다고 믿는다. 그래서 미국의 부모는 우리

나라 부모보다 훨씬 적은 용돈을 준다. 록펠러 가문의 경우 아무리 재벌 2세라도 어려서부터 돈을 제대로 사용하는 방법을 모르면 얼마 못 가서 망한다고 믿어 자손들에게도 돈 관리 교육을 철저히 시킨 결과 4대가 지나도록 여전히 재벌로 남아 있다.

우리나라 부모도 자식들에게 돈을 제대로 쓰는 방법을 가르치고 싶어서 용돈을 잘 올려주지 않는 것이다. 그런 부모님을 안심시키고 원하는 용돈을 타려면 노트에 용돈 사용처를 자세히 적어 부모님께 보여드리면 된다.

미리부터 '우리 부모님은 그런 건 이해 못하실 거야?'라고 단정짓고 거짓말을 해서 용돈을 타내려고 하지 말고 돈이 어디에, 왜 필요한지를 조목조목 적어서 부모님께 예산과 결산서를 만들어 들고 가서 용돈을 올려달라고 말씀드리면 부모님은 감동을 받아 정말로 돈이 없어 도저히 용돈을 줄 수 없는 상황이 아니라면 "아이구, 우리 애가 다 컸네. 기특해라."라고 말하며 흔쾌히 용돈을 올려주실 것이다.

다니는 학원을 그만두고 싶을 때

학원에 다니는 것은 로우틴이나 하이틴 등 10대들뿐만 아니라 유치원생들도 싫어한다. 한창 친구들과 어울려 놀고 싶은 나이에 학원 다니느라 친구조차 사귀지 못하는데 누가 좋아하겠는가. 게다가 하루 종일 이 학원 저 학원 쫓아다니는 일이 여간 피곤하지 않다. 그런데도 대부분의 부모들은 우리 아이가 경쟁에서 이기고 성공하려면 어려서부터 학원에 다녀야 한다면서 여기저기 학원을 등록해놓고 아이의 등을 떠민다.

학원 다니기 싫은 친구들의 사연을 들어보자.

"저는 공부를 아주 잘하는 편은 아니지만 그리 못하는 편도 아니에요. 그런데 어머니는 '공부도 못하는 게 학원도 안 다니면 어떡해?'하시면서 다른 건 몰라도 수학 학원만은 반드시 다니라고 강요하세요. 그래서 전 할 수 없이 수학 학원을 다니고 있어요. 그런데 저는 정말이지 학원 다니는 것이 죽도록 싫어요. 그래서 평계만 있으면 학원을 땡땡이 쳐요. 가끔 학원비가 아깝다는 생각이 들기는 하지만 어머니 때문에 그만둘 수가 없어요."

"저는 지금 영어 학원만 다니는데 정말 학원이 싫어요. 영어가 싫은 것이 아니라 그 학원 선생님들이 마음에 안 들어요. 이제는 그 선생님 목소리만 들어도 노이로제에 걸릴 지경이에요. 그래서 저는 죽어도 학원 가기 싫은 날은 할 수 없이 땡땡이를 쳐요. 그런 일이 잦아지자 점점 더 학원 가기가 싫은 거예요. 저희 엄마는 직장에 다니시기 때문에 그 동안 제가 학원 땡땡이 친 걸 모르고 있어요. 웬만하면 참고 다니려고 그랬는데 도저히 그럴 수가 없어서 엄마에게 학원 선생님이 마음에 안 들어서 그러니 학원을 옮겨달라고 말씀드렸어요. 그랬더니 엄마가 그 학원 선생님에게 전화를 해서 '그 동안 잘 가르쳐주셔서 고맙다.'는 인사를 하셨다지 뭐예요. 그때 학원 선생님이 제가 학원 땡땡이 친 걸 엄마한테 모두 말씀드렸나봐요. 엄마가 얼마나 화를 내시는지 이제는 옮긴 학원이 마음에 안 들어도 바꿔달라는 말조차 할 수가 없게 되었어요."

"저는 유명 학원을 다녔는데요. 그곳에서 만난 친구들이 어찌나 귀찮게 하는지 견디기가 힘들어서 그만두었거든요. 그런데 엄마는 다시 그 비슷한 학원을 끊어놓고 다니라는 거예요. 그

런데 그 학원에는 학교에서 저를 괴롭히던 아이들이 다 모여 있는 거예요. 그래서 엄마에게 다니기 싫다고 말했더니 안 가면 죽여 버린다고 하세요. 저는 정말 어떻게 해야 할까요?"

"저는 학원 가기 싫으면 학교 숙제가 많다고 핑계를 대고 땡땡이를 치곤 했습니다. 그리고 더 심할 때는 배가 아픈 듯이 얼굴을 찡그리고 헛구역질을 하는 등 아픈 흉내를 냅니다. 그래서 이제는 학원 빠지는 핑계에는 도사가 됐습니다."

이처럼 아이들에게는 학원 가기 싫은 이유도 가지각색이고 다양한 방법으로 학원을 빠지기도 한다. 그러나 여기서 하나의 공통점을 찾을 수 있다. 누구도 부모님께 학원 가기 싫은 이유를 솔직하고 정직하게 말씀드리지 않고 다짜고짜 "학원 가기 싫어요." 라고 말하거나 부모님을 속이고 학원을 빠진다는 점이다. 자식들이 '내가 말해봤자 안 들어주겠지?'라고 생각해 부모를 설득하려는 시도조차 하지 않고 지레 포기하면 절대 이런 문제는 해결할 수 없다.

세상에서 나를 가장 잘 이해할 수 있는 사람은 부모님이다. 따라서 부모님이 아무리 깐깐하셔도 부모님조차 제대로 설득하지 못한다면 수많은 반대자들을 설득해야 하는 사회생활은 어떻게 할 것인가?

부모님을 설득하려면 치밀한 전략을 짜고 준비해서 말해야 한다. 전략을 짤 때는 먼저 상대의 마음 상태를 알아내야 한다. 그렇다면 자식의 대화 상대가 되는 부모님의 마음 상태는 어떤가? 대부분의 부모님은 자식의 불확실한 미래를 매우 불안해하신다. 그 때문에 자식들이 싫어하더라도 학원에 보내 공부를 시켜야 조금이나마 안심이 된다. 그러한 부모님의 고정관념을 깨려면 부모님이 납득할 만한 분명한 이유를 가지고 대화를 시작해야 한다.

먼저 자기 자신에게 '나는 무엇 때문에 학원에 가기 싫은가?'를 물어 그 답부터 찾아야 한다. 부모님께 학원 가기 싫다고 말씀드리려면 첫째, 학원 다니지 않고도 학원 다닌 것 못지않은 성적을 거두는 방법을 제시할 수 있어야 한다. 둘째, 공부가 아닌 다른 일로 성공할 수 있음을 보여드려야 하고 셋째, 부모님이 아무리 야단을 치셔도 세상에 자식 이기는 부모가 없다는 사실을 기억해야 한다.

학원 가기 싫다고 해서 부모님 눈을 속이며 학원을 땡땡이 칠 것이 아니라 야단을 맞을 때 맞더라도 당당하게 자기 의견을 밝혀야 한다. 자식의 뜻이 확고하면 부모님은 겉으로 표현하지 않더라도 속으로는 오히려 '어느새 우리 애가 이만큼 컸을까?' 하며 대견하게 생각하실 것이다.

부모님께 말씀드리기 어렵다고 우물쭈물할 것이 아니라 학원에 다니는 대신 과외를 받고 싶다면 스스로 좋은 과외 선생님을 찾아서 부모님께 그 선생님을 소개하는 것도 좋다. 소개를 잘하려면 그 선생님한테 과외를 받은 친구들이 성적을 얼마나 올렸는지, 효과는 얼마나 되는지에 대한 객관적인 자료를 제시하는 것이 좋다.

새로운 물건을 사야 할 때

요즘에는 휴대폰이나 컴퓨터뿐만 아니라 각종 게임과 휴대폰 콘텐츠에 이르기까지 우리를 유혹하는 상품이 지천으로 널려 있다. 친구끼리 선물을 주고받을 일도 많고 휴대폰이나 컴퓨터 같은 필수품은 친구들과 사양이 비슷한 제품을 사용해야 또래 집단에서 소외당하지 않는다.

저가품은 용돈으로 어느 정도 해결할 수 있지만 컴퓨터나 휴대폰 같은 고가품은 부모님의 허락을 받지 않고는 도저히 살 수 없는 물건들이다. 컴퓨터의 성능은 날이 갈수록 좋아지고 휴대폰도 조금만 지나면 유행에 뒤떨어져 오래된 것은 친구들 앞에 내놓고 쓰기가 민망하다. 그래서 자식들은 집안 형편을 어느 정도는

이해하지만 그런 물건들을 사달라고 부모님을 조른다.

그러나 부모님은 고가로 산 휴대폰과 컴퓨터를 수시로 바꾸어야 한다거나 그 안에 사용되는 소프트웨어를 자주 갈아치워야 하는 자녀들의 처지를 제대로 이해하지 못하신다. 그 때문에 많은 아이들이 처음부터 강하게 나가야 부모님이 들어주실 거라고 믿어 "요즘 애들은 이렇게 후진 휴대폰은 안 쓴단 말야. 나만 카메라가 안 달린 거 쓴다구." 하며 다짜고짜 화부터 낸다.

자녀가 처음부터 이런 식으로 말을 꺼내 부모님 기분을 상하게 만들면 원하는 목적을 달성하기는 더욱 어려워진다. 물론 고집을 피우고 생떼를 쓰면 자식에게 져주는 부모님도 계신다. 그러나 그 동안의 감정 싸움은 부모와 자식 모두에게 큰 상처를 입히고 부모님 역시 자식을 불편하게 여기게 된다.

따라서 부모님께 새로운 물건을 사달라고 요구하려면 설득할 수 있는 요건부터 갖추어야 한다. 그러려면 부모님께 말씀드리기 전에 '내가 사려는 물건은 나에게 얼마나 유익한가? 공부에는 얼마나 도움이 되는가? 물건은 튼튼하고 꼼꼼히 만들어진 것인가? 그렇다면 앞으로 얼마 동안 더 쓸 수 있을 것인가? 좋은 제품이라고 알려진 것인가? 부모님의 형편에 그 정도 가격을 허락해줄 것인가?' 등을 자세히 조사한 다음 부모님이 쉽게 허락하지 않으실 것 같으면 "제가 오늘부터 설거지를 할 테니 하루에 천 원씩만 주세요." 하는 방법으로 부모님이 실천하기 쉬운 제안을 하는 것이 좋다.

　만약 부모님께서 자식이 집안일 하는 것보다 공부에 전념하는 것이 더 낫다고 생각되면 "잔소리 말고 공부나 열심히 해."라고 말씀하실 것이다. 그럴 때도 물러서지 말고 "공부도 열심히 하고 집안일도 할게요." 하며 적극적으로 나서면 틀림없이 부모님이 "무슨 돈이 그렇게 필요해서 그래?" 하며 돈에 대한 질문을 하실 것이다. 그때를 놓치지 말고 새로운 물건을 사야 하는 이유를 말씀을 드리면 된다. 이때도 무조건 새 휴대폰이 필요하다거나 컴퓨터를 바꾸어야 한다는 말을 꺼내기 전에 타당한 이유부터 분명히 밝히는 것이 좋다.

　부모님의 성격으로 보아 그런 제안도 통하지 않을 것 같으면 집에서 버리는 재활용품을 모아 파는 방법으로 용돈을 모을 수도 있다. 그런 식으로 돈을 모으는 모습을 보면 부모님도 자녀가 얼마나 그 물건을 갖고 싶어하는지를 아시게 될 것이다. 그리고 자녀들 자신도 돈 벌기가 얼마나 어려운지를 알게 돼 용돈을 바르게 사용하는 습관도 기를 수 있어 일석이조의 효과를 얻을 수 있다.

원하는 옷을 입고 싶을 때

자녀들은 부모님이 자신들의 취향에 맞춰 옷을 입으라고 하면 정말 속상하고 싫을 것이다. 특히 요즘처럼 패션 경향이 자주 바뀔 때는 부모님 충고대로 옷을 입다가는 왕따나 당할 거라는 생각에 짜증부터 날 것이다. 부모님들은 딸의 배꼽티와 속옷처럼 얇고 속이 훤히 들여다보이는 원피스, 어깨가 훤히 드러나는 끈 달린 셔츠 등을 몹시 싫어하신다.

부모님들은 아들의 노랗게 물들인 머리나 힙합 바지, 너덜너덜한 셔츠도 날라리 같다며 질색하신다. 좀더 보수적인 부모님은 아들이 걸고 있는 여러 개의 목걸이와 귀고리만 봐도 양아치 같다며 펄쩍 뛰신다. 방학 때만 되면 교복 대신 자유 복장을 할 일이 많아져 부모님과 옷 때문에 다투는 자식들이 많아진다. 부모님들은 외출할 때마다 얌전한 옷을 입으라고 하고 자식들은 가급적 자신들이 원하는 옷을 입고 외출하려고 하기 때문이다. 이런 일이 거듭되면 자식들은 부모님 눈을 피하려 하고 부모님은 자식들이 외출할 때마다 감시해 관계가 나빠진다.

옷차림에 관한 한 어머니보다 아버지가 더 보수적이다. 아버지가 싫어하는 옷차림을 했다가 들키면 심한 꾸지람을 듣거나 외출금지를 당하기도 한다. 그래서 자녀들은 가급적 아버지와는 마주치지 않으려고 해 가뜩이나 소원한 아버지와의 사이가 더욱 벌어져 대화가 더 힘들어진다.

물론 자녀들에게는 그들이 원하는 옷을 입고 싶어하는 이유가 충분히 있다. 자녀들은 대부분 유치원 다닐 때부터 그들이 원하는 옷을 입어본 경험이 별로 없다. 그저 어머니가 골라주는 옷을 입어야 했다. 옷차림은 물론, 머리모양, 신발, 심지어 학원 선택까지 어머니께서 다 해주었다. 그래서 자식들은 이제는 더 이상 한두 살 먹은 애들도 아니고 지금부터라도 자신들이 원하는 옷을 입고 외출하는 것은 너무나 당연하다고 생각한다. 그런데도 부모님은 그것조차 용납을 안 하시니 야속하기만 한 것이다.

부모님은 모든 것이 부모 세대에 맞추어 움직여야 한다고 믿지만 지금이 어느 때인가? 목과 등과 배꼽을 꽁꽁 싸매고 다니는 사람들은 거의 다 노인들뿐이다.

그러나 조금만 더 넓게 생각해보면 자식에게만 입장이 있는 것은 아니다. 부모님에게는 부모 입장이 있다. 상대방의 입장을 고려하지 않고 자기 생각만 내세우면 절대 문제를 해결할 수 없다. 문제를 원만하게 해결하려면 부모님의 고정관념부터 깨는 것이 좋다. 그러려면 자식들이 부모님을 요즘 아이들이 자주 가는 곳에 모시고 가서 요즘 애들이 어떤 옷을 입고 있는지 보여드리면서 부모님의 고정관념을 깨기 시작해야 한다.

친구들이 모인 곳에 자신만 부모님이 골라준 차림으로 참석해 그 광경을 부모에게 보여드리면 부모에게도 보는 눈은 있기 때문에 자기 자식만 유독 촌스럽다는 것을 깨닫게 되실 것이다. 부모님이 골라준 옷이 싫어도 부모님과 일일이 맞대응하지 말고 부모님이 자식 또래의 문화를 이해하도록 자주 이야기를 들려주고 영화나 TV를 같이 보는 등의 노력을 하는 것이 현명하다.

세대차를 뛰어넘는 가장 좋은 방법은 문화를 공유하는 것이며 이러한 시도는 훗날 사회생활에서 가장 요긴하게 사용될 설득력 기르기 훈련도 된다.

이성 친구를 허락받아야 할 때

부모님은 누구나 자식들이 한창 공부해야 할 때 이성 친구를 사귀면 반대부터 하실 것이다. 그 동안 살아온 경험으로 이성에 빠지면 공부를 소홀히 하게 되고, 공부를 제때 하지 못하면 인생이 꼬인다고 생각하시기 때문이다. 그래서 자식이 이성 친구를 사귀면 부모님은 행여나 공부할 시간에 이성 친구나 만나며 시간을 낭비하는 것은 아닌가 하는 감시인의 자세로 바뀌게 된다.

중3인 주경이는 그냥 친구일 뿐인 남자 친구 때문에 부모님과 심하게 다투고 부모님을 피해 다닌다. 주경이는 성격이 털털하고 아무나 잘 사귀어서 친구가 많다. 그런데 그 중 한 명인 경소가 집에까지 찾아와 어머니를 놀라게 했다. 주경이가 아무리 경소는 친구 이상은 아니라고 말해도 어머니는 경소를 색다른 눈으로 보시는 것이다. 주경이는 이러한 어머니를 이해할 수 없다. 특히 주경이가 화가 나는 이유는 어머니가 단지 성별이 남자인 친구를 사귀는 것을 가지고 무슨 큰일이나 난 것처럼 말씀하시기 때문이다. 주경이는 남자 친구와 쉬는 시간에 같이 우유를 먹고 급식시간에 같이 밥을 먹거나 준비물을 스스럼없이 챙겨주는 정도로 친하게 지내는데 부모님이 "머리에 피도 안 마른 게" 같은 격한 표현까지 서슴지 않아 어머니가 속물로 느껴져 피하기 시작했다.

주경이는 경소에게 아직 이성을 느끼지 않아 괜찮지만 조금만 이성이 느껴지면 이성 친구와 단둘이만 있고 싶고 서로 손을 잡거나 몸을 쓸어주는 등의 스킨십을 원하게 된다. 당사자인 자식들이야 그럴 리가 없다고 우기지만 이성 간에 애정이 싹트면 어느 순간 둘만의 시간을 보내기 위해 은밀한 데서 만나다가 성 관계까지 발전시킬 수 있어 부모님으로서는 경계하지 않을 수 없는 것이다. 게다가 이성 친구가 생기면 외모를 꾸미고 싶어해 돈과 시간도 낭비하기 쉽다. 그래서 대부분의 부모들은 자식들의 이성 교제를 문제행동의 전단계 정도로 생각하시는 경우가 많다.

고1인 명섭이는 중학교 졸업 무렵 여자 친구를 사귀기 시작했다. 그 여자 친구가 마음에 들어 자주 만나고 생일 선물도 주고받았다. 그런데 고등학교에 들어갔는데도 머릿속에는 온통 여자 친구 생각으로 가득 차 아무리 공부에 몰두하려고 해도 잘 안

되었다. 그러다 보니 중학교 때 상위권이었던 명섭이의 성적이 마구 떨어져 4년제 대학 입학이 위태로울 지경이 되어버렸다. 명섭이는 공부 때문에 여자 친구와 헤어져야겠다고 생각했지만 그 애에게 상처줄 것이 두려워 선뜻 말을 꺼내지 못한 채 세월만 보냈다.

이처럼 이성 교제는 행복만 가져다주는 것이 아니라 여러 가지 어려운 상황을 동반하기 때문에 부모님의 걱정거리가 된다. 그러나 자식들이 이러한 부모의 심정을 잘 헤아려 부모에게 이성 교제 사실을 당당하게 알리고 건전한 관계를 가진다면 우려할 만한 상황은 일어나지 않을 것이다.

고1인 희진이의 부모님은 평소 개방적인 분들이었다. 희진이는 약 1년째 좋아하는 오빠와 사귀고 있었다. 그런데도 왠지 부모님이 그 오빠를 좋아할 것 같지 않아 몰래 밖에서만 만났다. 그런데 며칠 전 기말고사를 마치고 일찍 집에 들어와 낮잠을 자려는데 그 오빠한테서 전화가 걸려왔다. 그 동안 시험 공부 때문에 서로 전화조차 뜸했기 때문에 희진이는 반갑게 전화를 받았다. 희진이는 시험 기간도 아닌데 오빠가 왜 학교에 가지 않고 이 시간에 자기를 만나려고 하는지에 대해 전혀 의심하지 않고 오로지 오빠에게 잘 보이려고 거울을 보며 온갖 모양을 다 냈다. 그런데 밖에서 만나자고 했던 오빠가 집으로 찾아왔다. 그 오빠는 불안한 얼굴로 부모가 싫어 가출했다며 같이 술집에 가자고 희진이를 잡아끌었다. 그러나 희진이는 시험 공부하느라고 며칠 동안 잠을 제대로 못 잤기 때문에 너무 피곤해서 집에 아무도 없는데 그냥 집에서 이야기하자며 오빠를 집으로 데리고 왔다. 그러다가 희진이는 피곤해서 자기도 모르는 사이에 잠이 들었고 그 오빠는 그 옆에 앉아서 혼자서 비디오를 봤다. 그런데 얼마 후 갑자기 방문이 확 열리더니 아빠와 할머니의 목소리가 들렸다. 아빠는 희진이의 방을 본 순간 너무나 화가 나 오빠를 향해 냅다 고함을 지르며 야단을 쳤다. 희진이는 갑자기 당한 일이어서 아무 말도 못하고 고개만 숙이고 서 있었다. 그러나 오빠가 아빠에게 야단맞으며 밖으로 나가고 난 후에는 갖가지 후회가 가슴을 쳤다. '내가 오빠를 집으로 끌어들인 거나 마찬가진데 비겁하게 한 마디도 못하다니.' '오빠가 나갈 때 뒤따라 나갔어야 했던 것은 아닐까?' 등의 생각이 들어 야단친 아빠가 야속하고, 오빠에게는 미안한 마음으로 가득 찼다. 그리고 '오빠가 더 이상 나랑 사귀기 싫다고 하면 어쩌나.' 하는 불안감 때문에 공부가 잘 안 돼 밖으로 나와 혼자 거리를 방황하다 새벽 2시쯤 집에 들어갔다. 아버지는 다시 한 번 노발대발했다. 희진이는 그날 이후 아빠의 웃음기 없는 인상에 찌푸린 모습이 세상에서 제일 싫었다.

이처럼 부모 자식간에도 이성 친구를 둘러싼 갈등이 생기면 서로 원수처럼 미워하게 된다. 부모님은 자식이 이성 친구에게 눈이 멀면 부모를 쉽게 배반한다는 점 때문에 더욱 자식의 이성 친구를 꺼리는지도 모른다. 만약 이성 친구를 당당하게 사귈 자신이 있다면 부모님이 이성 친구를 못 사귀게 한다고 해서 적개심을 드러낼 것이 아니라 부모님께 분명하고 당당하게 자신의 생각과 계획을 말씀드려야 한다. 부모님이 이성 친구에게서 전화가 걸려오는 것을 못마땅해하시면 화가 풀릴 때까지 기다렸다가 조용히 다가가 "어머니는 저에게 전화하는 남자 친구에 대해 어떻게 생각하세요?"라고 오히려 질문을 해서 부모님의 마음이 풀리도록 행동하는 것이 좋다.

자녀들이 그와 같은 행동을 꾸준히 하면 부모님도 마음을 열고 자신의 생각을 말해줄 것이다. 물론 이때도 부모님과 자신의 생각이 일치하지 않을 가능성은 높다. 그러나 부모님과 자신의 생각이 다르다고 해서 화부터 낼 것이 아니라 부모님 말씀을 다소곳이 듣고 자신의 생각을 말하면 부모님도 이해하실 것이다.

따라서 부모님께 이성 교제를 인정받으려면 부모님이 염려하지 않아도 될 만한 시간과 장소를 정해 만나는 등 기본 예의부터 철저히 지켜야 한다. 그런 노력을 기울여 이성 교제를 허락 받아야만 적어도 이성 교제 때문에 인생을 망치는 일을 막을 수 있다.

근본적으로 행복과 불행은 그 크기가 정해져 있는 것은 아니다.
다만 그것을 받아들이는 사람의 마음에 따라서 작은 것도 커지고
큰 것도 작아질 수 있다. 가장 현명한 사람은 큰 불행도 작게 처리
한다. 어리석은 사람은 조그마한 불행을 현미경으로 확대해서
스스로 심각한 고민 속에 빠진다.

— 라로슈푸코

부모님의 태도에
불만을 느낄 때

　　부모와 자녀는 자라온 환경이 다르기 때문에 사고방식이 매우 다르다. 따라서 자녀가 부모의 태도에 불만을 갖는 것은 너무나 당연하다. 문제는 남들도 다 갖고 있는 부모에 대한 불만을 불만으로만 풀려고 할 때 일어난다. 세상에는 부모 자녀 관계뿐만 아니라 선생님, 친구 등 모든 인간관계에서 수많은 불만이 존재한다.

　　사실 인생살이에 불만이 없다면 인생은 오히려 단조롭고 지루할 것이다. 인생은 불만을 슬기롭게 푸는 과정이다. 이것은 부모 자녀의 관계에서 연습이 되어야 한다. 그래야 사회에서 만나는 더 다양한 사람들에게서 느끼는 불만을 슬기롭게 풀 수가 있다. 불만을 슬기롭게 풀려면 불만의 원인을 감정적으로 바라보지 말고 냉정하게 바라볼 줄 알아야 한다.

하기 싫은 심부름을 시킬 때

자녀들은 하루에도 몇 번씩 부모님에게서 하기 싫은 심부름을 강요당한다. "시장에 가서 콩나물 좀 사와라.""슈퍼마켓에 가서 휴지 좀 사와라." 등 부모가 자녀에게 시키는 심부름은 끝도 없다. 그런 심부름은 자녀들이 정말로 하기 싫어하는 일들이다. 그런데도 자녀들은 어쩔 수 없이 툴툴거리며 심부름을 한다.

어떤 때는 죽어도 심부름이 하기 싫을 때가 있다. 학교에서 친구와 기분 나쁜 일이 있었거나 유난히 피곤하거나 성적이 내려가서 스트레스를 받을 때는 정말이지 손가락 하나도 까딱하기가 싫다. 그럴 때 자녀들이 할 수 있는 유일한 일은 부모님 말씀을 못 들은 척하는 것이다. 물론 부모님은 몹시 화를 내시겠지만 자녀들은 이미 부모님이 아무리 화를 내도 자신들이 대꾸를 안 하면 마침내 포기한다는 사실을 알기 때문에 자주 이 방법을 쓴다.

자녀들도 부모님께 그런 태도를 보이는 것은 옳지 않다는 것을 알지만 부모님이 귀찮은 심부름을 덜 시키도록 하려면 어쩔 수 없다. 물론 그럴 때마다 어머니가 한숨을 쉬며 "엄마가 말하면 듣는 시늉이라도 해야지. 특별히 하는 일도 없으면서 그런 태도를 보이면 어떻게 하니?"라고 말씀하시면 양심이 찔린다.

자녀들이 부모님 심부름을 하기 싫어하는 이유는 한참 공부를 하거나 컴퓨터에 몰두해 있는데 시키시기 때문이다. 자신이 하던 일을 적당히 끝내고 시킨 일을 하려고 하는데도 그 동안을 참지 못하시고 "어른이 시키면 얼른 해야지 뭘 꾸물거려?" 하며 화를 내시면 '하던 일을 마저 끝내고 엄마 심부름을 해드려야지.' 하고 생각했다가도 '절대 하지 말아야지.'로 생각이 바뀐다.

물론 어머니가 한숨을 쉬며 "별것 아닌 일조차 안 하려고 하니…. 내가 자식을 잘못 키웠지."라고 말씀하시면 속으로는 대단히 미안하다. 그러나 자신이 그렇게 하지 않으면 어쩌면 자기 인생은 부모의 허드렛일 하는 것으로 끝날지도 모른다는 생각이 들어 부모님의 심부름을 거부할 뿐이라고 말하는 자식들도 많다. 특히 자식들이 부모님의 심부름을 싫어하는 또 다른 이유는 부모님은 어떤 일이든지 시킨 대로만 하라고 하시기 때문이다. 아이들이 조금만 다른 방법으로 수행하면 심부름을 잘못했다며 화를 내신다. 그러니까 부모님이 시키는 심부름에는 자신의 생각이 전혀 들어갈 수가 없다.

중3인 은주는 어머니께 너무 몸이 피곤해서 심부름을 할 수 없다고 말씀드려도 "조금만 귀찮아도 얼굴을 찌푸리기는. 그 정도 가지고 뭘 그래. 엄마는 너희들 때문에 얼마나 일을 많이 하는데." "엄마는 이렇게 일하고 있는데 넌 잘도 자는 구나."라고 말씀하신다. 그래서 은주는 이미 부모님께 '부모 일을 조금도 돕지 않는 나쁜 아이로 찍혔다.'라는 생각이 들어 더 이상 심부름을 하려고 들지 않는다. 은주는 다른 집 부모님들은 자식이 심부름을 한다고 해도 "공부나 해라."라고 말하며 말린다는데 우리 부모님은 왜 그러시는지 모르겠다고 생각한다. 게다가 은주 아버지는 심부름 시킬 때도 전혀 망설임 없이 "은주야, 신문!" "이것 좀 해라."라는 명령조로 말씀하신다. 은주가 무슨 일을 하고 있건 관심조차 없다.

이처럼 부모님이 자식의 사정을 전혀 고려하지 않고 일방적으로 명령하듯 심부름을 시키시기 때문에 심부름이 하기 싫은 것이다. 그러나 자녀가 아무리 부모 말씀을 못 들은 척하고, 여러 가지 방법으로 거부해도 부모님의 심부름을 피하면 마음이 편하지는 않다.

그럴 바에는 차라리 부모님과 협상을 하는 것이 낫다. 협

상은 부모님의 기분이 괜찮아 보일 때 하는 것이 유리하다. 그리고 주먹구구식으로 말하지 말고 자신의 일정표를 만들어 그 시간에는 심부름을 하기 어렵다는 점을 미리 말씀드려 두는 것이 효과적이다. 그 대신 나머지 시간에는 심부름을 시키면 불평하지 말고 해야 한다. 다만 내 능력으로 해내기 어려운 심부름은 이유를 분명히 밝히고 할 수 없다고 말씀드려야 한다.

가장 좋은 방법은 부모님이 시키기 전에 스스로 알아서 하는 것이다. 어차피 할 일이라면 누가 시켜서 하는 것보다 자기 스스로 하는 것이 낫다. 특별히 하기 싫은 일이 있다면 왜 그 일이 그토록 하기 싫은지 솔직하게 설명하는 것이 좋다. 부모님이 "뭐 그 정도 가지고 그래?" 하며 시큰둥한 반응을 보이시더라도 마음속으로는 자식의 말에 뜨끔해하실 것이다.

부모님의 생활 태도가 마음에 들지 않을 때

부모님이 자기를 다른 형제와 차별대우할 때, 자녀에게는 불쌍한 사람을 도우라고 말하면서 자기 자신은 불쌍한 사람을 업신여길 때, 자녀에게는 질서를 잘 지키라면서 자기 자신은 새치기를 할 때, 자녀에게는 거짓말하지 말라면서 남에게 우리 집안일을 거짓으로 말할 때, 자식에게는 학창 시절에 공부를 잘 했다고 했는데 알고 보니 성적이 형편없었을 때, 남들이 눈살을 찌푸릴 만큼 매너 없는 행동을 할 때 등 자녀들에게도 부모님의 태도를 보고 실망할 일은 아주 많다.

자녀들은 부모라면 반드시 교과서에 나오는 사람처럼 바르고 정직하게 행동해야 한다고 믿는다. 그러나 사실은 부모님도 사람이기 때문에 그렇게 행동할 수만은 없다. 우리가 매일 보듯이 부모님도 실수투성이의 인간일 뿐이다. 따라서 자녀들은 지금부터라도 부모님도 자식들과 똑같이 실수도 하고 잘못을 저지를 수 있는 연약한 인간임을 이해해야 한다. 그런 다음 부모님의 태도가 정말로 마음에 안 들면 속으로 화를 내며 심통을 부릴 것이 아니라 솔직하게 말해 내가 부모님의 태도를 어떻게 생각하는지를 알려야 한다.

말을 잘못 꺼내면 " '어린 게 뭘 안다고 그래.' 하며 호통을 치실 텐데 어떻게 말하라는 거죠?"라고 되묻고 싶은 자녀도 있을 것이다. 그러나 말하는 방법만 잘 선택하면 그런 걱정을 하지 않아도 된다. 예를 들면 부모님이 형제들과 차별대우한다고 해서 밑도 끝도 없이 "왜 맨날 나한테만 그러세요?"라고 볼멘소리를 하면 부모는 자신이 뭔가를 잘못해서 자식이 화내는 것이 아니라 '어린 게 왜 이렇게 불만이 많아?'라고 생각하실 것이다.

따라서 그런 식으로 말하려면 아예 하지 않는 것이 낫다. 같은 말이라도 "저 엄마 자식 맞지요?" "그럼 맞지." "난 또 저만 주워온 줄 알았지요."라고 부모님의 기분이 상하지 않는 범위에서 재미있게 말하면 얼마든지 자신의 생각을 전달할 수 있다.

어머니가 집 안에서는 자식들에게 소리, 소리 지르면서 친구에게 전화할 때는 나긋나긋한 목소리로 "우리 애들은 너무 착해. 애들 때문에 걱정해본 적이 없어."라고 말하면, 어쩌면 저렇게 거짓말도 잘 할까 싶어서 그후부터는 부모님이 곱게 보이지 않아 괜히 심통을 부리는 자식들도 많다. 그러나 어머니는 자녀들이 왜 화내는지를 몰라 "왜 괜히 퉁퉁 부어 가지고 다녀?" 하며 못마땅해하실 것이다. 어른이건 어린아이건 자기 잘못을 잘 모르는 것은 마찬가지기 때문이다.

따라서 부모님의 태도가 마음에 들지 않으면 솔직히 말씀드려야 한다. 부모님께 껄끄러운 이야기를 하는 데에는 요령이 필요하다. "엄마, 우리들도 엄마처럼 하면 되지요?" "뭘?" "엄마 지금 전화하는 것처럼 살짝 거짓말하는 거요."라고 농담처럼 말씀드리면 어머니도 미안한 표정으로 웃으실 것이다.

자녀들은 어머니에게는 속마음을 비교적 쉽게 털어놓는다. 아버지에게는 그러기가 어려울 것이다. 그러나 아버지라고 해서 지레 겁먹을 필요는 없다. 말하는 방법만 잘 선택하면 아버지는 어머니에 비해 사소한 일에 신경을 덜 쓰시기 때문에 아버지와 말하기가 더 쉽다.

부모님께 말씀드리기 어려운 내용을 말할 때는 부모님의 태도가 마음에 들지 않더라도 미리부터 화를 내거나 인상을 쓰지 말고 부드러운 목소리로 말해야 통한다. 특히 부모님의 잘못을 지적하려면 부드러운 방법으로 돌려서 말해야 제대로 전달된다.

부모님의 직업이 마음에 들지 않을 때

부모님이 남들에게 존경받는 직업을 가졌다면 더 바
랄 것이 없겠지만 그렇지 못한 경우가 더 많다. 대
체로 우리나라 부모님들은 자신은 고생을 하면서도 자식에게만은
교육 투자를 많이 하기 때문에 자식과 교육 수준 차가 많이 나기
도 한다. 또한 워낙 나라 경제가 어려워 자식이 자랑스러워할 만
한 직업을 가졌다가도 직장을 잃고 일반적으로 천하다고 생각하
는 직업에 종사하게 된 경우도 많다.

부모님들도 자신이 원해서 자식이 자랑스러워할 수 없는
직업을 가진 것은 아니다. 자신의 능력과 여건 때문에 어쩔 수 없
이 그런 직업을 갖게 된 경우가 대부분이다. 따라서 자식이 그런

부모님의 처지를 이해하지 못한다면 부모님을 이해해줄 사람이 세상에 아무도 없을 것이다. 가족이 남과 다른 점은 서로의 아픔과 모자람까지도 서로 위로하고 보듬어준다는 점이다.

우리나라 최고의 뮤지컬 배우인 남경읍, 남경주 형제의 어머니는 시장에서 좌판을 놓고 생선을 팔아 자식들을 공부시켰다. 그들은 항상 어머니에 대한 이야기를 자기들이 공연하는 뮤지컬 최고의 소재로 삼는다. 현대그룹의 고 정주영 회장은 쌀 배달과 벽돌공 등 안 해본 것이 없는 노동자 출신이다. 그가 우리나라 최고의 재벌이 된 것은 그처럼 험난한 과정을 겪어왔기 때문이다.

그런 어려운 여건 속에서도 우리의 부모님들은 하나같이 자식들을 고생시키지 않으려고 노력하신다. 따라서 자식들이 부모의 직업이 마음에 들지 않는다고 해서 드러내놓고 불평하면 부모님은 씻을 수 없는 상처를 입게 된다. 부모님의 직업이 어떻든 자식이 부모님을 떳떳하게 생각하면 부모님은 어떤 어려움이 닥쳐도 이겨낼 수 있지만 자식이 부모님의 직업을 천하게 여기면 부모님은 이중의 고통을 받게 되는 것이다. 부모님이 자식이 남보다 공부를 못하거나 뛰어난 재주가 없어도 자식이라는 이유만으로 사랑해주듯 자식들도 부모님을 그렇게 사랑해야만 가족이 화목하게 살 수 있다.

나는 한번은 미국 시카고 공항에서 서울로 가는 비행기를 기다리다가 면세점에서 유학생으로 보이는 한 젊은이와 농촌 출신으로 보이는 어머니가 옥신각신하는 모습을 보게 되었다. 어머니가 큰 목소리로 "저것은 우리 돈으로 을메 짜린겨?" 하고 물었다. 그러자 아들은 어머니 옆구리를 쿡쿡 찌르며 입을 막으려고 했다. 어머니가 다시 "왜 옆구리는 찌르고 그랴?" 하며 소리를 질렀다. 아들은 어머니의 팔을 강제로 잡아당기며 밖으로 나갔다. 그러자 어머니가 "구경허는디 왜 못하게 하는겨?" 하면서 끌려 나갔다. 나는 호기심 때문에 그들 뒤를 따라가보았다. 그랬더니 그 아들은 사람들의 왕래가 뜸한 화장실 뒤편 구석으로 어머니를 몰고 가더니 "내가 엄마 때문에 창피해서 못살아."라며 호통을 치고 있었다. 그 어머니는 그제야 사태를 파악했는지 "알았어. 니가 싫어형께 인자부텀은 입 닥치고 있으께."라고 매우 우울한 표정으로 말했다.

　　나는 그 광경이 너무 슬퍼서 눈물이 나올 뻔했다. 그 어머니는 틀림없이 젊어서부터 지금까지 온갖 허드렛일을 마다하지 않으며 고생해서 번 돈으로 아들을 유학까지 시켰을 것이다. 그런데 그 아들은 어머니가 단지 공공의 장소에서 매너에 어긋난 행동을 했다고 그토록 심한 말을 한 것이다. 그것도 자기 자신의 체면을 위해서 말이다.

　　그리스 철학자 소포클레스는 부모는 자식에게 업신여김을 받아도 참는다고 말했다. 반대로 해석하면 자식은 그렇지 못하다는 말인지도 모른다. 만약 그 청년이 아무것도 모르는 어머니의 질문에 친절하게 "어머니, 다른 사람들이 불편해하니까 작은 소

리로 말해주세요."라고 대답해드렸다면 얼마나 보기 좋았겠는가.

부모님의 직업을 부끄러워하는 것은 나 자신을 부끄러워하는 것이다. 부모님의 직업이 부끄러워 부모님께 함부로 말하거나 비하하는 발언을 서슴지 않으면 나 자신을 비하하는 것이다.

스스로를 존중할 줄 모르는 사람은 누구에게도 존중받기 어렵다. 부모님의 직업이 마음에 들지 않는다고 해서 부모님을 업신여기면 그 말이 돌고 돌아서 결국 자기 자신의 심장을 겨눌 것이다.

조그만 잘못도 용서하지 않을 때

부모님이 지나치게 엄격하면 아주 작은 잘못도 절대 용서받지 못해 그런 부모님을 둔 자식들은 부모님 생각만 하면 숨이 막힌다고 말한다. 그럼에도 불구하고 자식들은 아직은 부모로부터 독립을 하지 못했기 때문에 부모님의 엄격한 통제를 견뎌야만 한다.

엄격한 부모님들은 대체로 권위적인 성격을 가졌다. 권위적인 부모님들의 특징은 자신이 한번 명령을 내리면 절대로 거두어들이지 않는 것이다. 엄격한 부모님을 둔 자식들은 대개 부모님의 권위에 눌려서 감히 자신의 의견을 말해볼 엄두조차 내지 못한다. 그러나 마음속에는 늘 부모님에 대한 반발로 가득 차 있다.

그런 상태가 지속되면 성격이 꼬이고 학업 성적도 떨어질 가능성이 높다. 따라서 이 문제는 쉬쉬하며 덮고 지나가면 안 된다. 뜻이 있는 곳에 길이 있다고 적극적으로 문제를 해결하려는 의지가 강하면 기회는 반드시 온다.

고2인 종혁이의 부모님은 거의 교육을 받지 못하고 어렵게 자라면서 자수성가한 분들이다. 그래서 오로지 종혁이가 공부 잘 하기만을 바라신다. 종혁이는 다른 애들에 비해 공부를 잘하는 편이다. 그런데도 종혁이 부모님은 행여나 아들이 딴 짓을 할까봐 지나치게 감시를 하신다. 종혁이 부모님은 종혁이가 돈을 갖고 다니면 공부에 전념하지 않을 거라며 용돈을 단 한 푼도 주지 않으며 아르바이트도 못하게 하신다. 게다가 종혁이에게 돈만 생기면 다 빼앗아간다. 지난해 설날에는 친척들에게 세뱃돈으로 받은 13만 원 중 10만 원을 어머니가 빌려가더니 갚지 않았다. 나머지 돈도 조금씩 빼앗아가셨다. 그뿐만 아니라 인터넷으로 EBS를 보는데도 컴퓨터를 많이 한다고 야단을 치신다. 종혁이는 공부를 잘하는 반에 들어가 있으며 컴퓨터 게임도 하지 않는 모범생이다. 그런데도 종혁이는 아버지가 항상 자신을 나쁜 짓 하는 아이로 취급하는 것 같아 기분이 좋지 않다고 하신다. 학교에서 상을 받아도 "그 정도 가지고 뭘 그래. 전교 일등을 해야지."라고 시큰둥하게 말씀하신다. 종혁이 아버지는 아들이 집에서 컴퓨터나 TV만 볼까봐 아예 종혁이 방 문고리를 부셔버렸다. 종혁이 생각으로는 자기가 책상에 앉아 있어도 '혹시 딴 짓 하지 않나.' 하며 의심하는 것 같다고 한다. 종혁이는 그런 부모님이 너무 싫어서 저절로 욕이 나온다고 한다.

이럴 때 나라면 어떻게 할 것인가? 종혁이처럼 불만을 가슴에 담아둔 채 꾹 참아야 하는가? 참지 않는다면 어떻게 할 것인가? 종혁이 같은 경우에 무조건 참으면 절대 문제를 해결할 수 없다. 깨질 때 깨질지라도 부모에게 자기 생각을 말해야 한다.

물론 짜증 섞인 목소리로 말해봤자 100퍼센트 깨진다. 그러나 조금만 슬기롭게 행동하면 그러한 상황에서 쉽게 벗어날 수 있다. 만약 자신의 부모님이 종혁이 부모님과 비슷하다면 공부 문제는 부모님이 뭐라고 하건 한 귀로 듣고 한 귀로 흘려라. 부모님 말씀에 속상해할 필요가 없다는 말이다. 그 대신 부모님의 예상보다 공부를 더 잘하면 된다. 자신이 공부를 잘해야만 엄격한 부모 밑에서 빨리 해방될 수 있기 때문이다.

다음으로는 돈 문제인데, 부모님이 용돈을 한푼도 안 주신다면 부모님이 말려도 아르바이트를 하는 것이 좋다. 만약 부모님이 아르바이트를 하려면 집을 나가라고 하더라도 정면으로 부딪혀볼 필요가 있다. 부모님이 잘못된 사고방식을 가졌을 때 자식들이 무조건 고분고분하면 부모님은 자신이 무엇을 잘못하고 있는지 전혀 깨닫지 못하신다. 그럴 때는 충격 요법이 필요하다.

권위에 기대는 사람은 오히려 더 쉽게 부서질 수 있다. 대신 웬만한 충격으로는 부서지지 않기 때문에 강하게 밀고 나가야 한다.

부모님의 엄격함이 지나치다고 속으로만 불만을 터뜨리지 말고 부모님에게 자신의 생각을 전할 수 있는 길을 만들어야 한다. 부모님과 말이 통하지 않아 답답하다면 메일을 보내거나 친구 집에 가서 시간을 보내 부모님이 자식 일을 궁금해하도록 만드는 것도 하나의 방법이다.

다른 사람에게 자식의 능력을
부풀려서 말할 때

부모님의 지나친 기대는 자식들에게 큰 부담이 된다. 성적이 반에서 간신히 10등 안에 드는데도 서울 의대를 가야 한다고 우기거나, 그림을 좀 그리기는 하지만 홍대 미대 갈 실력이 못 되는데도 남들에게 "우리 애는 홍대 미대 갈 거예요." 라고 말씀하시면 더욱 부담스러울 것이다.

그렇다고 해서 부모님이 남들 앞에서 자신에 대해 "우리 애는 정말 못하는 게 없어요. 학교 성적이 조금 기복은 있지만 머리가 좋기 때문에 마음만 먹으면 금세 성적을 올리지요."라고 말씀하시는 중에 끼어들어서 "저 그렇지 않은데요."라고 말할 수도 없는 노릇이다.

형준이는 부모님이 자신의 능력을 과신하는 것이 부담스러워 오히려 공부를 더 못하게 된 경우다. 형준이는 학교 성적이 상위권 안에 들지만 조금만 방심하면 성적이 금세 중위권으로 내려간다. 형준이로서는 최선의 노력으로 그 정도의 성적을 유지하는 것이다. 담임 선생님은 "너 서울 안에 있는 대학 가려면 정신 바짝 차려야 해. 성적이 그렇게 오르락내리락해서야 불안해서 어디 제대로 입시 상담을 하겠니?"라고 말씀하신다.

그러나 형준이 부모님은 "우리 형준이는 어려서부터 다른 애들하고 달랐어요. 머리가 아주 좋았거든요."라고 말하며 형준이가 별 어려움 없이 소위 말하는 스카이 대학에 갈 거라고 믿는 눈치다. 형준이 어머니는 특히 남에게 자식 자랑하기를 좋아해서 "우리 형준이는 상위권이거든요. 뭐 서울대라면 어려울지 몰라도 스카이 대학 정도는 눈감고도 들어갈 수 있을 거예요."라며 온 동네에 소문을 내고 다닌다. 형준이는 자신의 실체를 정확하게 모르는 어머니가 그렇게 말씀하실 때마다 어디에라도 숨고 싶은 심정이다.

며칠 전 형준이 어머니는 집에 동창들을 초대해 저녁식사를 같이 했다. 형준이가 학원을 마치고 집어 들어서자 어머니는 자신의 동창들에게 "우리 똑똑한 아들이야. 잘 생겼지?" 하며 형준이를 자랑했다. 그때 마침 어머니 동창들은 "우리 애는 수학이 약해서 큰일이야." "우리 애는 지구력이 약한 것 같애."라고 걱정하고 있다가 형준이 어머니가 "우리 애는 재주가 너무 많은 게 탈이긴 하지만 워낙 마음만 먹으면 시험을 잘 보니까 걱정 없어."라고 자신만만하게 말하자 "부럽다. 얘." 하며 입을 모아 감탄사를 연발했다. 사실 그 자리에 있던 민영자 아주머니는 딸 혜경이와 형준이가 같은 학교를 다니기 때문에 형준이 실력을 빤히 알고 계실 터여서 형준이는 그 자리가 너무나 불편했다.

형준이는 그날 이후 민영자 아주머니가 그날 일을 혜경이에게 다 말했을 것 같아 학교에 가면 혹시 혜경이하고 부딪힐까봐 피해다니느라 학교 수업을 어떻게 받았는지조차 기억이 나지 않았다. 그 때문인지 최근에 본 쪽지시험 점수가 너무 형편없이 나오고 말았다. 기말고사도 엉망으로 보아서 선생님은 학부모 호출을 준비하고 있는 듯했다. 형준이는 자식을 철석같이 믿고 있을 어머니가 실망할까봐 마음이 무거웠지만 대책이 없어 막막했다.

부모에 따라서 자식의 실력을 냉정할 정도로 낮게 평가하는 분들이 있는가 하면 형준이 부모처럼 자식의 능력을 실제보다 부풀려서 평가하는 분도 있다. 물론 부모로서는 두 경우 모두 자식의 미래를 걱정해서 하는 행동이다. 그러나 이 두 경우 모두 자식에게는 큰 부담을 준다. 그런데도 자식들은 부모 말에 순종해야 한다는 고정관념 때문에 속으로 고민한다.

물론 부모님 말씀에 순종하는 것은 자식의 당연한 도리다. 그러나 만약 형준이의 경우처럼 부모님 때문에 성적이 떨어져 대학도 제대로 못 갈 지경이 된다면 형준이 자신은 물론 부모님을 생각해서라도 문제다. 부모님도 그 사실을 아신다면 자신의 태도를 고집하지는 않으실 것이다. 이럴 경우 부모님께 화를 내거나 속으로만 울화통을 터뜨리지 말고 부모님의 태도가 자식에게 어떤 부담을 주는지를 객관적으로 정확히 말씀드려야 한다.

그 방법으로는 "중요한 말씀을 드리고 싶은데요."라고 미리 부모님에게 공고한 후 "이번 주 토요일 밖에서 만나뵙고 말씀드렸으면 합니다."라고 정중하게 말하는 것이다. 그러면 부모님은 틀림없이 '이 아이가 나에게 심각한 말을 하려나 보다.'라고 짐작하실 것이다.

그렇게 되면 일단은 부모님이 자식의 말을 받아들일 마음의 자세를 갖추게 된다. 그런 다음 정중하게 자신의 생각을 차근차근 말씀드리면 부모님도 자식의 의견을 경청할 것이다. 이때 감정적으로 말하면 모든 것이 수포로 돌아간다. 미리 충분히 어떤 식으로 말할 것인지를 연습해서 부모님이 자식 말을 받아들이도록 해야 한다.

부모님이 내 말을 받아들이지 않을 거라고 예측해서 무조건 할 말을 참으며 마음에 부담을 갖고 살거나 어린애처럼 생떼를 써 문제를 해결하려고 하면 평생 부모님과 갈등이 이어져 감정을 낭비하며 살게 된다.

따라서 자식들은 자신의 생각을 부모가 받아들일 수 있도

록 말하려고 노력해야 한다. 그러다 보면 어떤 경우에도 말을 잘할
수 있는 능력이 길러져 일석이조의 효과를 거둘 수 있다.

관심이 지나칠 때

부모님이 자식에게 무관심해도 화가 나겠지만 관심이 지나쳐도 참기 어려울 것이다. 나도 더 이상 어린애가 아닌데 음식도 내 마음대로 못 먹게 하고 옷도 꼭 어떤 옷을 입으라고 지시하고 친구가 보낸 문자 메시지를 몰래 본다면 아무리 부모라지만 참기가 힘들 것이다.

부모님은 자식을 사랑하기 때문에 그런다고 말하지만 자식들에게는 간섭일 뿐이다. 그래서 부모님이 자신의 문자 메시지를 훔쳐보면 휴대폰을 빼앗으며 "그건 제 사생활이에요. 보지 마세요."라고 외칠 것이다. 그럴 때 마음이 열린 부모라면 "미안하다."라고 말하며 휴대폰을 돌려주겠지만 대부분의 부모님은 몹시 화를 내며 "내가 네 부모인데 그 정도도 못하니? 여태 공짜로 먹이고 입히고 공부시켰더니 정나미 떨어지게 사생활 침해라니?" 하며 쏘아붙이실 것이다. 더 심한 경우에는 "부모 자식간에 무슨 사생활이 있어?" 하며 사생활 침해라는 말 자체에 대해 화를 내실 것이다.

부모가 자식들에게 듣기 싫어하는 말이 몇 가지 있는데 그 중 하나가 '사생활'이라는 말이다. 왜냐하면 부모는 자식은 부모의 분신이기 때문에 자식이 부모를 향해 사생활을 부르짖는 것은 있을 수 없는 일이라고 생각하시기 때문이다. 그러면서도 부모 자신은 부부끼리 심각한 이야기를 주고받는 중에 자식들이 나타나면 "우리들도 사생활이 있단다."라고 말씀하신다. 그것은 부모는 어른들의 사생활은 보호되어야 하지만 애들이 부모에게 사생활이라며 선을 긋는 것은 괘씸한 일이라고 생각하시기 때문이다.

따라서 자식들은 부모님께 대놓고 '사생활'이라는 말을 사용하지 않도록 해야 한다. 부모의 간섭이 부담스럽다고 해서 대놓고 화를 내거나 부모님이 싫어하는 용어를 사용하면 문제만 더 복잡해진다. 따라서 부모님의 간섭이 싫을수록 간접적인 표현으로 자신의 생각을 전해야 한다. 예를 들면 어머니가 내 휴대폰 문자 메시지를 몰래 보면 대놓고 휴대폰을 돌려달라고 소리를 지르는 대신 "엄마, 자식들이 엄마 친구한테서 온 문자 메시지를 함부로 봐도 돼요?"라고 물어보라는 것이다. 자식이 그렇게 말하면 대부분의 어머니들은 당황하며 "물론 아니지."라고 말씀하실 것이다. 그때를 놓치지 말고

"자식은 부모의 거울이라고 하잖아요. 엄마한테 배운 제가 엄마한테 온 문자 메시지를 훔쳐봐도 괜찮으시겠어요."라고 못 박아 두면 어머니도 뜨끔해서 더 이상 자식의 휴대폰 문자 메시지를 들여다보려고 하지 않으실 것이다.

간섭이 심한 부모들 중에는 외출한 후에도 휴대폰으로 여러 가지 지시를 하기도 한다. 그런 엄마들은 대부분 버스나 지하철 안에서까지 휴대폰으로 전화를 해서 "엄마가 냉장고에 먹을 것 넣어 놨어. 네가 자고 있길래 안 깨웠다. 그러니까 냉장고 문 열고 우유 한잔 먹고 거기 토스트 해놓은 거 꼭 챙겨 먹어라.""학원 갈 때 줄무늬 반바지하고 노란 셔츠 입고 가라.""내일 배울 단원에 새로 나오는 영어 단어 열 번씩 써놓아라. TV는 절대 보지 마. 엄마가 가서 검사할 테니까 알아서 해."라며 잠시의 쉴 틈도 없이 떠들어댄다.

그런데 자식들은 감히 부모에게 대들면 안 된다는 생각 때문에 불만을 속으로 삭이거나 아예 될 대로 되라는 식으로 못 들은 척해 집안에 불화를 일으킨다. 그러나 조금만 지혜를 모으면 그런 문제를 해결할 수 있다. 부모님께 일일이 감정적으로 대응하지 말고 '직접언어'가 아닌 '간접언어'로 말하는 습관을 길러보자. 휴대폰 문자 메시지를 훔쳐보는 어머니에게 "엄마가 돼 가지고 교양 없게 그게 뭐예요?"라거나 "엄마는 왜 남의 사생활을 침해하는 거예요?"라고 건방지게 말해봤자 어머니의 화만 돋운다는 것이다.

세상에 완벽한 인간은 없다. 따라서 부모도 부모 나름대로 자식의 장래에 대한 불안, 자식을 잘 기르고 싶은 욕심, 자기 자신은 통제하기 어려운 감정을 가지고 있는 약한 인간일 뿐이다. 그러므로 자식도 '부모가 무엇 때문에 자식 마음을 불편하게 하는 행동을 하는가?'를 이해할 줄 알아야 한다. 부모와 의견이 다를 때 부모 입장을 이해하려고 노력하는 것은 자식 된 도리일 뿐만 아니라 사회생활에서의 대인관계를 연습하는 일이기도 하다.

또한 부모님의 간섭이 지나치면 무조건 참지 말고 현명한 방법으로 부모에게 자신의 느낌이나 감정을 알려 가슴에 응어리가 남지 않도록 해야 관계가 편해진다. 물론 청소년기에는 혈기 때문에 일단 부모의 간섭에서 벗어나려고 반항부터 하기 쉽다. 그러나 진정으로 부모님으로부터 독립해 부모님의 간섭에서 벗어나고 싶으면 부모님을 안심시키고 신뢰를 얻어야 한다. 그러려면 부모의 간섭이 불편해도 불평과 불만부터 터뜨리지 말고 우회적이고 간접적인 말로 부모님의 마음을 열어 실질적으로 개선될 수 있는 방법을 택해야 한다.

인간의 행복의 원리는 간단하다. 불만에 자기가 속지 않으면 된다.
어떤 불만으로 해서 자기를 학대하지 않으면 인생은 즐거운 것이다.

—러셀

부모님의 판단이
부당하게 느껴질 때

부모는 신이 아니기 때문에 항상 공평한 판단을 내릴 수는 없다. 때로 부모는 자신이 내린 불공평한 처사로 자녀의 가슴에 피멍이 드는 것조차 의식하지 못한다. 사람이 모르고 저지른 일에는 죄가 성립되지 않는다. 따라서 부모의 불공평한 태도가 의도적인 것이 아니라면 자녀가 부모에게 불평할 수 없다.

이럴 때 자식은 부모보다 어리고 인생 경험이 짧지만 용기를 내 부모님께 대화를 청해야 한다. 부모님과 대화할 때는 부모님은 자녀에게 반드시 지켜야 할 권위가 있다고 믿기 때문에 조심해서 말해야 한다. 여기서 그 방법을 알아보자.

부모님이 내 마음을 몰라줄 때

세상에 사람 속을 다 들여다볼 수 있는 사람은 없다. 부모라고 해서 다르지 않다. 부모도 자식이 자기 생각을 말해주지 않으면 자식 마음을 제대로 헤아릴 수 없다. 그러니 부모님이 내 마음을 몰라준다고 투정을 부릴 것이 아니라 부모님이 내 마음을 알 수 있도록 표현해야 한다.

부모님이 형제들과 나를 차별대우하면 속을 끓일 것이 아니라 "어떤 방법으로든 저는 형제들하고 다른 대접을 받는 것 같아서 기분이 좋지 않습니다."라고 말해야 불만이 사라진다. "부모님께서 화를 내실 텐데 어떻게 그렇게 말해요."라고 묻고 싶은 자녀들도 있을 것이다. 그러나 전에 한번 시도했다가 야단을 맞은

최신형 휴대폰도···

초고속 인터넷도···

사용하지 않으면 모릅니다.

경험이 있더라도 실망하지 말고 계속해서 시도하는 것이 좋다. 그렇게 하면 부모님이 매번 야단을 치더라도 자식이 하고 싶어하는 말이 무엇인지를 아시게 될 것이다.

성공한 사람과 실패한 사람의 차이는 실패한 사람들은 해보지도 않고 안 될 거라는 생각부터 하지만 성공한 사람들은 실패할 때 실패하더라도 시도해본다는 점이다. 사실 부모님께 야단맞을 각오를 하고 하고 싶은 말을 해야만 부모님의 정확한 반응을 체크할 수 있다. 부모님께 편안하게 자기 생각을 말하려면 부모님 말씀이 마음에 안 들어도 따지듯이 말하거나 기분 나쁘다는 투로 말하거나 우물쭈물 말하지 말아야 한다.

내가 열심히 공부해서 성적을 평균 70점대에서 80점대로 올렸는데 부모님께서 "겨우 그거 올렸어?"라고 말씀하실 때, 어머니의 일을 조금이라도 덜어드리려고 설거지를 했는데 "누가 너보고 그런 거 하라고 했어. 공부나 해. 공부."라는 말씀을 들을 때, 1년 내내 용돈을 모아 어버이날 선물을 했는데 "누가 너더러 이런 거 사오랬어. 얼마나 비싸게 산 거야?"라는 말씀을 들었을 때, 아버지를 기쁘게 해드리려고 아버지 방을 치웠는데 "누가 내 물건에 손댔어?" 하며 화를 내실 때, 아픈 동생을 위해 빵을 사다 주었는데 동생이 빵 먹고 체했다며 부모님이 나만 나무라실 때 등 부모님의 말이 야속할 때는 아주 많을 것이다.

자식들은 그럴 때마다 부모가 특별히 자신을 미워한다고

오해하기 쉽다. 그래서 부모님께 시위하려고 혼자 방문을 걸어 잠그고 누워 있거나 밖으로 나돌거나 사사건건 부모님 말씀에 삐딱하게 대답해 집안 분위기를 흐린다.

　　물론 자식의 마음을 몰라주는 부모님이 야속하겠지만 그렇다고 해서 부모님을 원망해봤자 자신만 괴로울 뿐이다. 따라서 자식도 부모님께 자신이 무슨 생각을 하는지, 무엇 때문에 부모님께 화가 났는지 반드시 말로 표현해야 한다. 표현 방법만 터득하면 얼마든지 부모님께 자신의 생각을 편안하게 말할 수 있게 된다.

다른 형제들과 차별대우할 때

자식들은 부모님의 사랑을 독점하고 싶어한다. 나이가 많건 적건 상관이 없다. 그 때문에 사실은 모든 인간관계 중에서 부모님의 사랑을 나눠야 하는 형제 사이의 경쟁이 가장 치열하다. 그래서 아이들은 형제에게 먼저, 가장 강하게 질투의 감정을 느낀다. 아무리 사이가 좋은 형제간에도 부모에게 동생만 편애한다느니, 형만 예뻐한다느니 하는 불만이 있게 마련이다. 그래서 형이나 동생이 나보다 조금만 더 맛있는 것을 먹어도, 더 좋은 옷을 입어도, 부모로부터 눈곱만큼만 더 관심을 끌어도 화가 난다.

우리 아들들도 형제끼리 사이가 좋지만 가끔씩 나에게 몰래 "형하고 저하고 누가 더 예뻐요?" 또는 "동생하고 저하고 누가 더 예뻐요?"라고 묻는다. 대부분의 부모님은 열 손가락 깨물어서 안 아픈 손가락이 없다며 "너희들 모두 똑같단다."라고 말씀하실 것이다. 그러나 자식 입장에서는 믿을 수가 없을 것이다.

영민이는 누가 보아도 나무랄 데 없는 모범생이다. 그러나 숫기가 부족하고 남 앞에 나서기를 싫어해 누구도 영민이의 존재를 알아주지 않는다. 그런데 두 살 아래인 동생 영준이는 워낙 공부를 잘하고 성격도 활발해 교내 짱으로 꼽힌다. 영민이는 자연히 영준이의 뒷전으로 밀린다. 부모님은 이제 으레 영준이 먼저 챙기는 것이 당연하다는 태도를 보이신다. 최근에는 심지어 새 컴퓨터를 영준이에게 주고 헌 것은 영민이가 사용하도록 하셨다. 똑같이 학원을 가야 할 때도 영준이 것을 먼저 끊고 돈이 남으면 영민이 것을 챙기며 "너는 형이니까 동생한테 양보해야지."라고 말씀하신다. 집안에 친척들이 찾아오면 부모님은 떠들썩하게 영준이 칭찬을 하고 영민이에게는 눈길조차 주지 않으신다. 영준이는 그럴 때마다 가슴이 답답하고 숨이 막히지만 "왜 영준이만 좋아하세요?"라는 말이 목까지 올라왔다가도 입이 떨어지지 않아 입 밖으로 꺼내지 못한다. 그러나 영민이 가슴속에는 언제나 영준이에 대한 질투심이 꺼지지 않아 괜히 영준이에게 시비를 걸거나 트집을 잡아 싸우는 일이 많다. 물론 그럴 때마다 부모님은 "너는 형이 돼 가지고 어떻게 그렇게 동생을 미워하니?"라며 핀잔을 주어 영민이를 더욱 참혹하게 만드신다. 영민이는 그럴 때마다 매번 자신의 서운한 마음을 어머니가 몰라주는 것이 야속하지만 자신의 그와 같은 심정을 어머니에게 말해보려는 생각은 하지 못한다. 그래서 영민이는 점차 어려움이 생겨도 부모님에게 말하지 않고 혼자 속으로 끙끙 앓거나 친구들에게 의논해서 해결하려는 습관이 생겼다.

　　나도 영민이의 억울한 심정은 이해한다. 그러나 억울해하면서도 화를 참거나 부모를 회피하면 자신만 고립될 뿐이다. 그러다 보면 가정 내의 소외감은 더 커지고 점점 더 가정이 싫어질 것이다.

　　이럴 때 부모님께 "부모님이 영준이만 챙기니까 저는 마치 남의 집에 와 있는 것 같아요."라고 분명하게 자기 생각을 밝히면 어머니가 "네가 영준이처럼 잘 하면 너도 챙기지."라며 화를 내며 대꾸하실지라도 마음속으로는 뜨끔해하실 것이다.

　　자식들이 부모에 대해 오해하는 것 중 하나는 부모는 자기들과 달리 완벽한 인간이라고 생각하는 것이다. 그러나 사실 부모도 실수도 하고 감정에 치우친 판단을 내리는 약한 인간일 뿐이어서 부모도 자신도 모르는 사이에 얼마든지 자식들에게 상처를 줄 수도 있다. 따라서 내가 부모에게서 받는 불편함과 기분 나쁜 감정들은 그때그때 말로 표현해야 부모님이 내 존재를 의식하실 수 있다.

　　여러 번 말했지만 부모님에게 느끼는 좋지 않은 감정을 부

모님께 직접 말하려면 매우 조심해야 한다. "저는 엄마 아들이 아니에요? 왜 저만 미워하세요?"와 같은 감정적인 말은 오히려 부모님의 역정만 불러일으킬 수 있기 때문이다. 부모님께 왜 자신이 속상했는지를 말하려면 감정을 누르고 냉정하고 조리 있게 말해야 한다. 그리고 부모님이 어떤 일에 몰두하고 있거나 화가 나 흥분한 상태에서는 그런 말은 하지 않는 것이 좋다. 집안 친척들이 모여 동생 칭찬을 한다거나 동생의 행사 참여로 부모님이 바쁘시다면 일단 입을 다물고 있다가 조용해지면 때를 봐서 어머니에게 "저 드릴 말씀이 있는데요."라고 말씀드린 후 "저는 엄마가 영준이만 챙길 때마다 이 집 식구가 아닌 것처럼 느껴져요."라고 매우 정중하게 말하는 것이 좋다. 그렇게 말씀드리면 어머니도 아들의 말을 무시하지 못하실 것이다.

인간은 아무리 가까운 사이에도 서로 개성이 달라 끊임없이 갈등을 일으킨다. 부모 자식간도 마찬가지다. 따라서 부모님과 사이 좋게 지내려면 부모님을 이해하고 의견 차이를 조절할 줄 알아야 한다.

의견 조절은 반드시 어른들만의 몫이 아니다. 자식들도 노력해야 한다. 자기 속마음을 명확하게 표현하고 자기 몫을 찾으려고 권리를 주장하는 것은 인간이 자신을 지키는 기본 행위다.

부모님이 나보다 다른 형제를 더 사랑한다고 삐져 속을 끓일 것이 아니라 부모님께 단둘이 산책을 하자고 해서 둘만의 시간을 갖고 자신의 생각을 솔직히 말하면 문제가 쉽게 풀릴 것이다. 그런 말을 할 때는 '이럴 때 제 심정은 이렇습니다.' 라고 객관적으로 말하는 것이 좋다.

억울한 누명을 씌울 때

살다 보면 누구나 황당한 누명을 쓸 때가 있다. 누명 쓰는 일보다 더 억울한 일은 없지만 억울하고 분하다고 흥분부터 하면 자신만 불행해지고 더 큰 누명을 쓰기는 쉽다. 누명을 써도 화를 참고 이성적으로 대응해야 누명을 벗을 수 있다.

정현이는 고2 여학생이다. 정현이에게는 두 살 아래 남동생이 있다. 정현이가 몸이 약해 초등학교를 늦게 들어가는 바람에 학년으로는 1년 차이밖에 안 난다. 정현이 남동생 정기는 다른 애들에 비해 덩치가 크고 거칠다. 중학교 저학년 때까지만 해도 얌전했는데 사춘기를 지나며 누나에게도 함부로 말하는 거친 아이로 변해버렸다. 지금은 아예 정현이를 누나라고 부르지도 않고 걸핏하면 욕까지 한다. 그런데도 부모님은 언제나 정기 편만 들어 정현이는 하루도 억울하지 않은 날이 없다. 아버지가 삼대 독자이고 아버지 형제들도 모두 딸만 있어서 부모님은 외아들 정기가 아무리 큰 잘못을 저질러도 나무라지 않는다. 그래서 정현이도 웬만한 억울함 정도는 참는 버릇이 생겼다. 그러나 어제의 경우는 너무 억울해서 집을 뛰쳐나가고 싶을 정도였다. 정현이가 학교 공부를 마치고 집에 돌아오니까 정기가 디카로 여기저기 사진을 찍고 있었다. 그 순간 정현이는 지난 일요일 아버지와 시골 가서 찍어온 할아버지와 할머니 사진이 걱정되었다. 아버지는 오랜만에 할아버지 댁에 갔기 때문에 어쩌면 마지막 모습이 될지도 모른다며 할아버지와 할머니 사진을 잔뜩 찍었다. 그러면서 정기와 정현이에게 그 사진을 잘 보관하라고 말했다. 그런데 정현이가 시골 할아버지 댁을 다녀오자마자 업로드하려고 했더니 USB가 말을 안 들어 작업을 하지 못해 사진이 디카에 그대로 남아 있었다. 그런 디카로 정기가 사진을 찍어대는 것이었다. 정현이는 다급한 목소리로 "야, 거기 있는 사진은? 혹시 지웠어?"라고 물었다. 그랬더니 정기는 아무렇지도 않은 얼굴로 "엄마 사진밖에 없던데?"라고 말했다. 정현이는 미심쩍어서 "그럴 리가 없는데…. 우리 반 애들 사진이랑 아빠 사진도 있을 텐데."라고 말했다. 그러나 정기는 끝끝내 엄마 사진밖에 없었다고 우겼다. 정현이는 머리끝까지 화가 났다. 아빠가 분명히 정기도 있는 자리에서 중요한 거니까 지우지 말라고 당부까지 했는데 그런 식으로 부득부득 우기는 정기가 너무 미웠다. 그래서 정현이는 "너도 들었잖아. 왜 거짓말하고 그래? 그때 분명히 아빠가 중요하니까 지우지 말라고 말했잖아. 그런데 왜 지우고 그래?"라고 소리를 질렀다. 그러자 정기는 목에 핏대를 세우며 "그런 말을 너네가 언제 했어?"라고 소리를 지르며 정현이에게 대들었다. 정현이는 기가 막혀서 "어머나! 너 지금 아빠하고 누나한테 '너네'라고 한 거야?"라고 더욱 큰 소리로 말했다. 그랬더니 정기는 대번에 욕을 하며 "그래, 미친년아. 너네. 난 못 들었다는데 왜 자꾸 지랄이야." 하며 온갖 욕을 다 퍼부었다. 그런데 정현이가 억울한 건 어머니가 나서서 싸움을 말리며 "얘가 뭣 하러 너한테 거짓말하겠니? 네가 잘못 알았겠지." 라고 말씀하신 것이다. 그리고 더욱 더 억울한 건 아버지가 귀가한 후 정현이가 "아빠, 정기가 아빠 사진 다 지웠어요."라고 말하는데 정기가 "네가 다 지웠잖아. 내가 봤을 때는 엄마 사진밖에 없었어."라고 거들자 아버지는 "네가 지운 모양이지. 이미 지워진 거가지고 싸우면 뭐 해? 그만둬."라고 말씀하신 일이다. 정현이는 이제 아버지까지 정기 편을 드는 것이 너무 억울해서 그 자리에서 눈물을 주르르 흘렸다. 그리고 가족 모두가 정기 편만 드는 것이 싫어서 당장이라도 짐 싸 들고 집을 나가고 싶은 심정이었다. 아버지는 자신이 내린 지시를 지키기 위해 동생에게 욕까지 얻어먹은 딸보다 아버지 말을 깔아뭉갠 아들 편을 드시는 것이었다.

이럴 때 나 같으면 어떻게 대처할 것 같은가? 억울해서 펑펑 운다고? 그래가지고는 해결되지 않는다. 정현이 같은 경우 정기에게 화를 내봤자 정기에게 얻어맞기밖에 더하겠는가? 부모님 역시 이미 마음으로부터 정기 편이기 때문에 정현이 말을 귀담아 듣지 않으실 것이다.

따라서 이럴 때는 확실한 전략을 짜 대처해야 한다. 그 방법으로는 첫 번째, 부모님이 정기 편을 들며 "정현이가 지운 모양이지."라고 말씀하실 때 그 자리에서는 일체 말대꾸를 하지 않는 것이 좋다. 사람은 한번 마음속으로 무슨 말을 할 것인지를 정하면 쉽게 바꾸지 않는다. 그러니 아무리 억울해도 그 자리에서 꼬박꼬박 따지면 오히려 내 말을 더 안 듣게 된다.

두 번째, 나중에 책임질 일이 생길 것에 대비해서 "아버지, 지난 일요일 사진은 누가 지웠건 이제 필요 없으시죠?"라고 못박아두어야 한다. 그렇지 않으면 어른들은 건망증이 심해서 나중에 딴소리 하실 염려가 있다. 이때 누가 지웠건 상관이 없다고 하시면 그 문제에 대해서는 더 이상 미련을 갖지 말고 "그럼 이제부터는 사진은 정기한테 맡기시면 되겠네요. 저는 어차피 못 믿으시잖아요."라고 말씀드리고 더 이상 그 일을 입에 올리지 않는 것이 좋다.

그러려면 세 번째, 디카에 대한 미련도 버려야 한다. 괜히 디카에 미련을 갖고 만지기 시작하면 똑같이 억울한 일이 반복해서 생길 것이다. 억울함의 원인은 가능한 한 없애버리는 것이 좋다. 집

안에서는 다른 형제가 저지른 잘못을 부모님이 내가 저질렀다고 우기시거나 내가 잘하려고 다른 형제와 싸웠는데 부모님이 싸운 일만 가지고 나를 나무라서 억울해질 수 있다. 그럴 때 그 자리에서 즉각 결백을 주장하는 것은 어리석은 일이다. 사람은 누구나 감정이 격했다가도 시간이 좀 지나면 이성을 찾는다. 기다렸다가 그때부터 잘잘못을 가리는 것이 현명하다.

네 번째, 객관적인 근거와 논리를 가지고 말해야 한다. 부모님은 항상 자식을 어린애 취급하려고 한다. 오죽하면 100세 된 할머니가 80세 아들에게 차 조심하라고 말하겠는가? 따라서 부모님은 자식들이 매우 어른스럽게 말하면 쉽게 감동한다. 어른스럽게 말하는 것이란 감정에 치우치지 않고 객관적인 근거를 가지고 말하는 것이다.

또한 부모님은 자신이 큰 잘못을 저지르고도 자식이 지적하면 싫어하신다. 따라서 부모님이 자식에게 지적받은 느낌을 받지 않도록 부모님을 비난하지 말고 그런 일을 당한 자신의 심정을 말하는 것이 좋다. "저한테 그렇게 말씀하시다니 실망이에요." "저한테 그러실 줄 몰랐어요."와 같은 말은 부모님께 자식에게 지적당하는 느낌을 주는 말이다. "저는 그 일로 너무 억울해서 밤에 잠을 전혀 못 잤어요." "저는 제 양심을 걸고 결코 그런 일은 하지 않았어요." 등 자기 자신의 심정만 말해야 부모님이 자식 말을 귀담아 들으실 것이다.

칭찬받으려고 한 일을 비난할 때

부모님이 자식이 열심히 노력하는데도 전혀 칭찬을 안 해주시면 자식은 부모님이 자기를 싫어한다고 단정하기 쉽다. 그래서 어떻게 하든지 부모님께 칭찬받으려고 노력한다. 그러나 이상하게도 모처럼 칭찬받으려고 한 일이 오히려 꾸지람거리가 되기도 한다. 그럴 때는 자신도 모르게 화가 나 부모님께 필요 이상으로 거친 말대꾸를 해서 부모님과 불화를 일으킨다.

그러나 화만 내면 부모님은 자식의 진심을 더욱 모르게 된다. '다시는 일부러 칭찬받을 일을 하려고 노력하나 봐라.' 하며 오기를 부리면 문제는 더욱 복잡해진다. 자식이 일을 잘못해 부모님은 순간적으로 화가 나 자식을 오해하시더라도 결국에는 자식의 진심을 아시게 된다. 그때는 표현을 안 하셔도 자식을 기특하게 여기실 것이다.

중3인 예승이는 터프 걸이다. 방 안에도 남자애들 방 못지 않게 물건들이 널려 있다. 그 때문에 예승이 어머니는 항상 성화를 부리며 "계집애 방이 이게 뭐니? 밖에 나갔다 들어오면 옷 좀 옷장에 걸어라. 원, 온 방 안에 다 늘어놓으니 어디 발 디딜 틈이 있어야지."라는 말을 입에 달고 사신다. 그런 예승이가 어머니가 시골 친척 결혼식에 가서 동생과 둘이서만 집을 보게 되자 모처럼 어머니에게 칭찬받을 일을 하겠다는 결심을 했다.

그날은 마침 주말이었고 중간고사도 끝나 시간적인 여유도 있었다. 그래서 예승이는 청소하기를 좋아하는 어머니를 위해 대청소를 시작했다. 어머니의 깔끔한 성격 때문에 안방은 따로 청소할 필요가 없었지만 주방 뒤 베란다는 온갖 먼지를 뒤집어쓴 큰 플라스틱 그릇들과 알 수 없는 액체가 담긴 큰 병들이 놓여 있어서 예승이는 아마 어머니가 가장 청소하기 싫은 곳이 그곳이 아닐까 싶은 생각을 하며 베란다 청소를 했다. 예승이는 난생 처음으로 정성이 깃든 마음으로 베란다 구석에 여기저기 흩어져 있는 큰 그릇들을 차곡차곡 옮기고 먼지 묻은 병에는 물을 끼얹어 말끔히 닦아냈다. 병들 사이에 먼지가 뿌옇게 쌓인 신문지 뭉치가 물에 젖어 시커먼 물을 뿜어댔다. 예승이는 그 뭉치까지 몽땅 쓰레기통에 넣고 다시 물을 끼얹어 베란다가 말끔해졌다. 예승이는 베

란다 청소를 하느라고 서너 시간을 보냈지만 피곤한 줄도 모르고 '엄마가 돌아오면 아마 깜짝 놀라실 거야.' 라는 생각에 저절로 콧노래가 나왔다.

그러나 집으로 돌아온 어머니는 베란다를 보더니 깨끗해졌다고 좋아하기는커녕 "아니 여기 있던 약초가 다 어디 갔어?" 하며 발을 동동 구르셨다. 예승이는 어머니의 눈치를 살피다가 물에 젖어 버렸다고 말했다. 그러자 어머니는 "그 약초는 외할머니 허리 병에 좋다는 귀한 약초인데. 그거 구하느라고 얼마나 힘이 들었는데 그걸 망쳐?" 하며 노발대발하셨다. 예승이는 예기치 못한 어머니의 반응에 몸둘 바를 몰랐다. 어머니는 그러한 예승이의 사정은 아랑곳하지 않고 "왜 시키지도 않은 일은 하고 난리야." 하며 예승이 등을 주먹으로 아프게 내리치셨다. 예승이는 '엄마를 도우려고 한 일인데….' 라는 억울한 생각으로 눈물이 핑 돌았다.

물론 예승이 입장에서는 어머니가 칭찬은커녕 화를 내시니 억울해할 만도 하다. 그러나 어머니 입장에서는 평소 자기 방 정리도 제대로 안 하는 예승이가 베란다에 물을 뿌리며 청소를 하리라는 것은 짐작조차 하지 못했기 때문에 귀한 약초를 손대지 말라고 예승이에게 미리 주의를 시키지 않으셨을 것이다. 그런데 예승이가 별안간 베란다 청소를 한답시고 온통 물을 뿌려 허리 병으로 고생하는 외할머니 드리려고 어렵게 얻어다 놓은 약초를 망쳤

으니 화가 나실 만도 하다.

　　예승이와 같은 경우 이미 화가 나신 어머니에게 열심히 억울함을 호소해봤자 소용이 없다. 그럴 때는 다소 억울해도 꾹 참고 "잘못했습니다."라고만 말하는 것이 상책이다. 이때는 "저는 원래 잘 해보려고 그랬어요."라는 말조차 할 필요가 없다. 화가 난 사람에게 변명하는 것은 불 끄러 온 소방관이 불이 더 잘 붙으라고 바람을 일으키는 것과 같다.

학교 생활에 전혀 관심을
보이지 않을 때

부모가 자녀들의 학교 생활에 너무 지나친 관심을 기울여도 괴롭지만 관심을 갖지 않아도 아이들은 상처를 받는다. 부모가 단 한 번도 학부모회의에 참석을 하지 않았거나 담임 선생님 얼굴이 어떻게 생겼는지조차 모른다면 당연히 자녀의 학교 생활에 관심이 없는 거라고 생각할 수 있다. 그럴 경우 자식들은 친구들의 부모와 자신의 부모가 비교되면서 부모님이 바빠서라고 말하는 것조차 핑계로 들릴 것이다. 그래서 어떤 아이들은 부모의 관심을 불러오기 위해 괜히 심통을 부리거나 부모 말에 삐딱한 반응을 보이기도 한다.

그러나 그런 행동으로는 부모님이 자식의 학교 생활에 관심을 갖게 하기는 매우 힘들다. 오히려 부모님은 자식들이 저지른 잘못만 문제삼기 때문에 더욱 사이만 나빠진다. 사실 부모님이 상처를 주었다고 해서 밑도 끝도 없이 반항하고 화풀이한다고 속이 시원해지는 것도 아니고 부모님의 태도가 달라지는 것은 더더욱 아니다.

따라서 부모님을 원망하는 것보다 부모님이 자신에게 무관심한 이유를 찾아 해결하는 것이 현명하다.

부모가 자식에게 무관심한 원인은 크게 세 가지로 나눌 수 있다. 첫째, 부모님이 진짜로 바깥일이 너무 많아 눈코 뜰 새 없이 바빠서다. 요즘처럼 경제가 어려울 때 직장생활을 잘 하려면 밥 먹을 겨를조차 없이 바쁘게 뛰어야 한다. 그러니 부모로서도 자식 일에 시시콜콜 관심을 갖기가 어렵다. 특히 맞벌이거나 부부가 함께 가게를 운영하는 경우에는 더욱 그렇다. 둘째, 경제적인 어려움 때문에 생각할 여유가 없기 때문이다. 먹고 살기 힘든 정도로 가정 형편이 어려우면 부모님은 먹고 사는 문제 해결만으로도 숨이 찰 지경이다. 그런 것도 모르고 자식이 자기만 바라봐달라고 하면 부모는 더욱 짜증이 날 것이다. 셋째, 부모님의 성격이 냉정하고 자기 중심적일 때다. 이 경우는 부모님이 자랄 때 전혀 고생을 안 해봐 어떻게 하는 것이 자식에게 관심을 갖는 것인지조차 모를 경우이다. 그럴 경우는 부모님이 원망스럽겠지만 그런 부모 만난 것을 운명으로 받아들이고 자식이 그런 부모님의 생각을 바꾸도록 노력할 수밖에 없다.

　　고등학교 2학년인 수민이는 부모님의 무관심 때문에 반항하다가 구제받을 수 없는 문제아가 된 경우다. 수민이는 중학교 때까지만 해도 반에서 중간 정도의 성적은 유지했다. 그런데 고2가 된 지금은 항상 반에서 꼴찌를 도맡는다. 부모님이 아무리 공부하라고 타일러도 절대 공부를 하지 않고 하루 종일 부모님 몰래 PC방에 간다. 수민이의 유일한 취미는 PC방에 가서 오락을 하는 것이다. 고2 때부터는 등교하는 중에 PC방으로 가 컴퓨터 게임에 빠져 학교를 빼먹기도 했다. 수민이가 그렇게 된 데는 수민이 부모님이 너무 바빠 수민이의 학교 생활을 챙기지 못한 데도 원인이 있다. 수민이 부모님은 맞벌이를 하는 주말 부부이기 때문에 수민이의 학교 생활에 관심을 가질 만한 여유가 없다. 수민이는 160센티미터 키에 몸무게가 100킬로그램이 넘어 어릴 때부터 아이들에게 뚱보라고 놀림을 받아왔다.

　　한 번은 수민이가 여러 애들이 놀리는 바람에 싸움을 하다가 넘어져 심한 상처를 입었다. 선생님이 놀라 부모님에게 연락을 드렸지만 지방 근무 중인 아버지는 회의 중이어서 전화를 받을 수 없었고 엄마마저 취재 중이라며 선생님의 전화를 뚝 끊어버리셨다. 전화를 했던 선생님이 "어떻게 애가 다쳤다는데 전화를 못 받으시지?"라고 말씀하시는 바람에 수민이는 더욱 화가 났다. 다른 집 부모님 같으면 아들이 그 정도로 다치면 노발대발하며 학교로 찾아와 누가 그랬느냐고 따질 텐데 자기 부모님은 전화조차 받지 않더라는 선생님의 말씀에 그만 눈물이 핑 돈 것이다.

그래서 수민이는 그 동안 애들이 뚱보라고 놀려도 웬만하면 참았는데 그 후부터는 아이들이 놀리면 마치 부모에 대한 분풀이라도 하듯 아이들을 상처가 나도록 때려주었다.

그러던 어느 날 수민이는 같은 아파트의 초등학생이 자기를 뚱보라고 놀리자 집까지 따라가 실컷 두들겨 팼다. 주위에서 아무리 말려도 패는 것을 멈추지 않았고 결국 그 아이가 병원으로 실려가게 돼 수민이는 부모님과 함께 경찰서까지 불려갔다.

그 일이 있은 후부터 담임 선생님은 물론 동네 사람들까지도 수민이를 깡패 취급하기 시작했다. 수민이는 '마음대로들 생각해라.' 하는 기분으로 자기 마음에 들지 않으면 뭐든지 다 때려부수고, 툭하면 아이들과 싸우는 주먹대장이 되었다. 수민이는 워낙 덩치가 크고 힘이 좋아서 아무도 당해낼 수가 없었다. 수민이는 누구의 통제도 받지 않게 되자 점차 반에서 노는 애들의 꼬봉 노릇을 하면서 남의 돈도 뺏고 술, 담배도 상습적으로 했다. 고등학생이 된 후부터는 부모님이 오락실 비용을 주지 않자 돈을 마련하기 위해 부모님 지갑에서 몰래 돈을 꺼내기도 했다. 부모님의 감시가 엄해지자 최근에는 이웃집이나 친척집에 가서도 남의 물건을 훔치기 시작했다.

수민이 부모님은 이처럼 달라지는 수민이 때문에 골머리를 않았지만 특별한 대책을 세우지 못하고 수민이를 엄격하게만 대하셨다. 평소 무뚝뚝하고 말이 없는 아버지는 수민이를 걱정하는 대신 잘못할 때마다 야단을 치셨다. 어머니는 수민이가 초등학생을 때려 병원까지 실려 가게 했는데도 다친 아이에게는 관심도 없고 사고를 낸 수민이의 태도만을 문제삼으셨다. 그래서 수민이는 부모님 모두와 거리감을 느껴 집에 들어가기조차 싫어했다.

부모님의 무관심을 관심으로 바꾸려면 무조건 반항할 것이 아니라 부모님께 왜 자신에게 무관심한지 이유를 밝혀달라고 말씀드려야 한다. 아무리 자식에게 무관심한 부모도 자식이 직접 "왜 저에게 관심이 없으세요?"라고 물으면 자신의 형편을 자세히 설명해주실 것이다. 그런 식으로 부모 자식간에 진솔한 대화를 나누다 보면 자식들도 몰랐던 부모님의 처지를 이해하게 되고 부모님의 무관심은 자신을 싫어해서가 아니라 어쩔 수 없는 형편 때문임을 알게 될 것이다.

상대방을 이해하는 것은 나이와 상관이 없어 한쪽만의 책임이 아니다. 부모님이 여유가 없어 그렇지 못하신다면 자식이 먼저 부모님의 형편을 알아내 이해해야 한다.

말할 기회를 주지 않고
일방적으로 말할 때

자식들이 부모와의 대화를 불편해하는 이유는 많다. 부모님이 자식 세대를 이해 못하실 뿐만 아니라 자식에게 먼저 "우리 대화 좀 하자."라고 말씀하시고는 정작 자식이 말하기 시작하면 자식 말은 듣지도 않고 자기 말만 하거나, 자식이 무슨 말만 하면 "너는 항상 그런 식이야." "너는 그게 문제야." 등의 훈계로 흐르기 때문일 것이다.

스스로 민주적인 부모라고 생각하는 부모조차 "나랑 얘기 좀 하자."라고 말해놓고 자식이 조금만 부모 마음에 들지 않는 말을 하면 케케묵은 옛날 일까지 들추며 "너는 원래 그게 문제야." "너는 매사가 그런 식이야!"라며 결국은 호통을 치신다. 자식이 참다못해

"왜 저만 가지고 혼내세요?"라고 대꾸를 하면 "이 자식이 감히 누구 앞이라고…." 하며 더 큰 불호령을 내리신다. 자식들은 그후부터 아예 부모 앞에서는 입을 다무는 것이 낫다고 생각하게 될 것이다.

그러나 부모님과의 대화를 피하기만 하면 정작 부모님의 도움이 필요할 때는 아무 말도 할 수 없어 자기 혼자 잘못된 판단을 내려 구렁텅이에 빠질 수도 있다.

중2인 민영이는 학교에서 친구들이 휴대폰 알을 달라는 협박에 못 이겨 할 수 없이 그 애들에게 자기의 알을 나누어주었다. 그러나 그 아이들은 민영이가 호락호락하다는 것을 알았는지 알만 빼앗아가는 것이 아니라 돈도 요구했다. 민영이는 사실 부모님께 사전 산다고 거짓말해서 탄 돈으로 휴대폰 알을 샀기 때문에 그 아이들이 괴롭힌다는 사실을 부모님께 말씀드릴 수가 없었다. 그 아이들은 민영이의 용돈을 다 털어가고도 민영이에게 점점 더 많은 돈을 요구했다. 민영이는 평소 훈계만 늘어놓는 부모님께 도저히 그런 일을 의논할 수 없어 그 애들이 요구하는 돈을 부모님 지갑에서 훔치기 시작했다.

같은 일이 반복되자 부모님이 그 사실을 알게 되셨고 민영이 부모님은 너무나 놀라 왜 부모 지갑에서 돈을 훔쳤는지 경위를 캐물었지만 민영이는 입을 굳게 봉해버렸다. 그러자 부모님은 아예 민영이를 도둑으로 몰았고 민영이에게 돈을 요구하던 아이

들은 민영이의 사정을 아랑곳하지 않고 여전히 민영이에게 돈을 달라며 못살게 굴었다. 참다못한 민영이는 결국 가출해버리고 말았다.

민영이의 경우는 매우 극단적인 것처럼 보이지만 이런 일은 누구에게나 일어날 수 있는 일이다. 따라서 부모님의 일방적인 설교나 비판이 싫어도 자식이 부모님과 대화를 하려고 노력하면 학교에서 어려운 문제가 생기면 부모님과 상의해 불행을 막을 수 있다.

외적인 영향에 좌우되고 싶지 않다면
먼저 자기 자신의 격렬한 감정부터 초월해야 한다.

— 사무엘 존슨

부모님께 설명해야 할 때

　부모님께 용서받기 어려운 잘못을 저지르면 두려울 것이다. 두렵다고 도 망가면 일은 더욱 복잡해진다. 부모님은 자녀가 아무리 큰 잘못을 저질러도 결국은 용서할 수밖에 없는 분들이다. 따라서 죽을 죄를 지었어도 매맞을 각오로 다시는 그런 잘못을 저지르지 않겠다는 굳은 의지를 말씀드리면 다 용서하신다.

　미리부터 '우리 부모님은 그런 잘못을 절대 용서하지 않을 거야.' 라고 판단해 잘못을 숨기면 나중에는 그 잘못을 숨기기 위해 더 큰 잘못을 저질러야 한다. 그러다 보면 일이 점점 더 꼬여서 해결하기가 점점 어려워진다.

　이제부터는 용서받기 어려운 잘못을 저질렀을 때 부모님께 용서받을 수 있도록 말하는 방법을 배워보자.

포르노 영상물을 보다가 들켰을 때

요즘에는 이메일만 열면 포르노그래피가 쏟아져 나온다. 어린 자식들이 일부러 포르노그래피를 찾아 다니지 않아도 야한 장면들이 아이들을 유혹한다. 그래서 호기심 때문에 어쩌다 한 번씩 그런 사이트에 들어가 본 아이들도 있을 것이다. 그러나 이처럼 자극적인 영상은 한 번 보기 시작하면 자꾸만 더 궁금해서 점차 더 많이 보게 되고 그것이 습관으로 굳어지면 마약 중독 못지않은 중독성이 생긴다. 부모님들은 그것을 잘 아시기 때문에 자식이 부모 몰래 포르노그래피를 보는 것을 매우 두려워하신다.

영우는 모범생이며 공부도 잘한다. 그런데 우연히 이메일을 통해 포르노그래피를 보게 된 다음부터 그 장면들이 눈앞에 아른 거려 여기저기서 야한 장면을 다운받아 자기 컴퓨터에 저장해둘 정 도로 포르노그래피에 빠져버렸다. 물론 부모님에게 들킬까봐 마음 이 조마조마했지만 영우에게는 자기만 사용하는 컴퓨터가 있기 때 문에 안심하고 자기 컴퓨터에 그런 장면들을 저장해두었다.

그런데 아버지께서 급히 컴퓨터로 문서 작성을 해야 하는데 아버지 노트북이 부팅이 잘 안 돼 영우 컴퓨터를 사용하시게 되었 다. 그런데 아버지는 영우의 컴퓨터를 사용하려다 영우가 포르노물 을 컴퓨터에 모아둔 사실을 발견하셨다. 아버지는 버럭 화를 내며 당장 영우를 불러 따귀부터 때리셨다. 영우는 갑자기 당한 일이어 서 처음에는 놀랐지만 정신이 들자 화도 나고 부끄럽고 민망해서 어찌해야 좋을지를 몰랐다. 그런데 사람이란 궁지에 몰리면 더 화 를 내는 법. 영우는 자기도 모르게 아버지를 향해 "왜 때려요." 하 며 대들었다. 그러자 아버지는 "아직 머리에 피도 안 마른 놈이 뭘 잘했다고." 하며 영우의 머리를 더욱 심하게 때리셨다.

영우는 아버지에게 들키기 전까지만 해도 포르노그래피를 보는 것은 옳지 못한 일이라고 생각했다. 그런데 아버지에게 그 문 제로 매를 맞자 울컥 억울한 생각이 들어 아버지에 대한 미운 감정 이 치밀었다. 그러다 언젠가 동아리 형들과 우연히 포르노그래피에 관한 대화를 나누다가 들었던 말들이 생각났다. "남자들은 이런 거 안 보는 사람이 없대. 어른들도 옛날에 중학교에만 가면 야한 잡지를 돌려가면서 봤다던데 뭐. 아빠들도 다 우리만 할 때가 있었어. 걱정하지 말고 봐." 그런 말들이 생각나자 자기에게 화를 내는 아버지가 오히려 파렴치해 보였다. 그래서 자기도 모르게 욱하는 기분이 들어 아버지에게 대든 것이다.

물론 아버지 자신도 어린 시절에 잡지를 통해 그런 야한 장면들을 보셨을지도 모른다. 그것 때문에 현재 말 못할 고민을 안고 사는지도 모른다. 실제로 어린 시절에 포르노물을 보기 시작한 사람 중에는 성에 대한 왜곡된 의식이 생겨 나중에 어른이 된 후에 큰 고통을 겪는 경우가 아주 많다는 연구 결과가 많다. 여학생의 경우는 그 정도가 더 심해서 성인이 된 후 이성 교제에서 결벽증세를 보여 원만한 교제를 못하게 되거나 심하면 남성 혐오증으로 결혼도 하지 못하는 경우가 많다고 한다.

부모님은 이러한 문제점을 잘 아시기 때문에 자식이 포르노그래피 보는 것을 싫어하는 것이다. 물론 영우 아버지처럼 자식의 자존심을 고려하지 않고 마구 화부터 내는 것도 바람직한 태도는 아니지만 이 문제는 자식이 부모님을 걱정하게 만들었기 때문에 책임은 자식에게 있다. 따라서 부모님의 태도가 참기 힘들어도 그 자리에서 대들지 말고 반성하는 태도를 보여야 한다.

자식이 포르노그래피를 보는 것을 발견한 부모님은 자식의 장래도 걱정되지만 '설마 내 자식이?' 하는 배신감 때문에 극도의 흥분 상태가 된다. 그럴 때는 자식이 조금만 눈에 거슬리는 행동을 해도 흥분 때문에 폭력을 휘두르기 쉽다. 그런 상황까지 가지 않으려면 자식이 겸허한 태도를 보여 부모님의 흥분이 가라앉기를 기다리는 것이 현명하다.

귀차니즘에 빠져 혼자 있고 싶을 때

10 대 때는 가장 활동이 왕성한 나이지만 가장 게으름을 피우고 싶은 나이기도 하다. 귀차니즘에 빠져 아무것도 하기 싫은데 부모님은 게을러서 못쓰겠다며 잔소리를 하신다. 10대의 게으름이란 끝이 없어서 집에 어머니라도 안 계시면 자리에서 일어나기 싫어 하루 종일 자기도 하고, TV 보다가 일어나기 귀찮아서 아침부터 저녁 마감 뉴스까지 한 채널에 고정시켜놓고 보기도 한다.

휴일에는 샤워조차 귀찮아서 하루 종일 그냥 밍기적거리거나, 옷 갈아입기 싫어 학원을 빼먹거나 심지어 콘택트렌즈 빼기가 귀찮아서 그냥 자버리고 싶을 때도 있다. 그보다 더 심한 경우

에는 밥 먹다가 목이 메어 물을 마시고 싶어도 냉장고 가서 물 따르기가 귀찮아 꾸역꾸역 밥을 먹다가 체하기도 한다. 형제가 있으면 서로 물 떠오라고 싸우다가 결국 부모의 꾸지람을 듣기도 한다. 귀찮으면 밥도 먹기 싫고, 씻기도 귀찮고, 밖에 나가기도 귀찮고, 학원숙제도 그냥 엎어버리고 축 늘어지고 싶을 뿐이다. 그래서 입만 열면 "짜증나." "귀찮아."를 연발한다.

이런 자식들의 태도가 형편이 어려운 어린 시절을 보낸 부모님들 보기에는 사치스러워 보일는지도 모른다. 그래서 부모님은 귀차니즘에 빠진 자식들을 가만두지 않는다. 숙제를 미루고 조금만 널브러져 있으면 "숙제는 학교 다녀오자마자 해야지."라고 하시고, 학원 다녀온 다음 TV 앞을 지키고 앉아 있으면 "그러다가 숙제는 언제 할래?"라고 소리를 지르신다. 그 밖에도 "옷은 그게 뭐냐?" "아무리 휴일이라지만 세수도 안 하니." 같은 잔소리를 하신다. 특히 귀차니즘 때문에 학원 가기가 귀찮아서 꾸물대면 당장 "여태 덜 챙겼니?"와 같은 독촉이 날아든다.

물론 자녀 자신도 그 정도로 게으름 부리는 것이 나쁘다는 것은 잘 안다. 그런데도 뭐라고 딱 집어서 설명하기는 어렵지만 모든 것이 귀찮을 따름이다. 부모님께 그와 같은 상황을 설명해 봤자 이해해주실 리도 없고 그저 잔소리를 하면 한 귀로 듣고 한 귀로 흘리면 그만이라고 생각한다.

그러나 사람은 누구나 상대편이 이유를 설명하지 않고 내 말을 잘라먹을 때 가장 화가 난다. 따라서 아무리 귀차니즘에 빠져 말도 하기 싫고 누구의 말도 듣기 싫어도 부모님의 말씀을 듣고도 못 들은 척하면 부모님을 무지무지하게 화나게 한다. 입장을 바꾸어서 만약 동생이 귀찮다며 내 말을 듣고도 못 들은 척한다면 얼마나 화가 나겠는가. 따라서 귀차니즘에 빠졌을 때 부모님께 "귀찮아요. 저 좀 내버려두세요!"라고 말씀드리는 것보다 "제가 이유 없이 모든 것이 귀찮아서 그러니까 잠시만 혼자 있게 해주세요."라고 정중하게 말씀드리는 것이 좋다.

가족은 여러 사람이 모여 사는 하나의 사회다. 누군가 한 사람이 질서를 깨면 가족 전체의 분위기가 흐트러진다. 그렇게 되면 가정은 쉴 수 있는 터전이 아닌 들어가기 싫은 동굴로 전락한다.

따라서 가족의 일원인 자식은 가정 안의 질서를 무너뜨리지 않을 최소한의 의무를 지켜야 한다. 그 의무란 아무리 귀찮아도 다른 가족들을 배려하는 것이다. 손가락 하나 까딱할 만한 기운이 없더라도 가족 중 누구에게든 자신의 상황을 말한 다음 쉬어야 가정의 평화가 깨지지 않는다.

왕따당하고 있을 때

이제는 초등학생부터 고등학생까지 왕따 문제로부터 자유로운 학생이 드문 것 같다. 지금 왕따를 당하고 있지 않아도 언제 왕따가 될지 불안할 것이다. 최근에는 왕따 문제가 더 심각해져서 인터넷 카페를 통해 패러디 형식으로 떠돌기도 했다. 다음, 프리챌, 네이버 등 대형 포털 사이트에는 수백 개의 왕따 카페가 개설돼 있으며, 카페마다 왕따 대상 학생의 이름 앞에 '안티'를 붙이거나 '○○○를 싫어하는 사람' 등의 제목을 붙여 당사자에게 모욕을 주어 사회 문제가 되고 있다. 그런데 문제는 왕따당하는 학생들은 이 문제야말로 부모님과 의논하기가 곤란한 문제라고 생각해 혼자 고통을 견디려고 하는 데 있다.

왕따는 인생을 바꾸는 심각한 문제로까지 커질 수 있어 가능한 한 빨리 부모님과 의논해서 해결해야 한다. 자식들이 왕따 문제를 부모님과 의논하지 못하는 이유는 자신이 왕따당한다고 말씀드리면 부모님이 감정적으로 대응해 오히려 자신이 보복당할 우려가 있다고 생각하기 때문일 것이다. 그러나 부모님과 의논하는 요령만 익혀두면 그런 것을 염려하지 않아도 된다.

수혁이는 초등학교 다닐 때까지는 여의도에 살다가 중학교 입학식 날 강남으로 이사를 했다. 수혁이는 항상 규칙을 잘 지키고 용모도 단정한 모범생이다. 그런데도 이상하게 친구를 사귀지 못하고 왕따를 당했다. 6학년 때는 쉬는 시간마다 같은 반의 노는 애들이 수혁이를 화장실로 끌고 가서 괴롭혔다. 수혁이는 초등학교를 졸업하고 강남으로 이사를 가게 되자 자기를 괴롭혀온 아이들과는 더 이상 만나지 않아도 될 거란 생각에 너무나 좋았다.

그런데 이상한 것은 강남으로 이사 와 중학생이 된 후에도 여전히 왕따를 당한다는 점이다. 수혁이는 중학생이 된 후 처음으로 친구 두 명을 사귀었다. 그런데 그 아이들이 수혁이를 왕따시키기 시작했다. 그 애들은 수혁이에게 "너랑 놀면 재미없어." "네가 싸가지 없어서 같이 안 놀 거야." 등 충격적인 말을 한 뒤부터 계속 다른 애들에게 수혁이를 나쁘게 말하고 다니면서 수혁이를 괴롭혔다.

수혁이는 워낙 용모가 단정하고 규칙은 절대적으로 지키는 타입이어서 다른 애들이 자기처럼 모범생이 아닐 수 있다는 점을 받아들이지 못했다. 두 명의 친구는 수혁이 같은 모범생이 딱 질색이라며 수혁이를 몹시 괴롭혔다. 그래서 수혁이는 그 애들의 괴롭힘을 피하려고 쉬는 시간마다 도서관에 가서 책을 읽고, 종치면 교실에 뛰어들어오곤 했다. 그러나 어쩌다가 교실에 남아 있으면 그 두 명의 친구 중 한 명이 다가와 수혁이에게 시비를 걸었다. 시비란 수혁이를 툭툭 치고는 아프다고 말하면 "장난이야!"라고 말하는 것이다. 수혁이는 그럴 때마다 속이 뒤틀렸다.

수혁이는 이사만 가면 왕따 문제가 해결될 줄 알았는데 전보다 더 심해진 왕따 때문에 괴롭기만 했다. 이제는 쉬는 시간마다 그 애들에게 시달리는 것이 너무 힘들어 그 애들이 없어졌으면 좋겠다는 기도까지 해보았다. 그런데도 부모님이나 선생님에게 말씀드렸다가 더 큰 문제가 생길 것 같아 말을 못하고 혼자 끙끙댔다. 부모님은 이런 수혁이의 마음도 모르고 중간고사 때보다 기말고사 성적이 뚝 떨어지자 수혁이만 호되게 야단치셨다. 그리고 당장 학원에 가서 공부를 보충하라며 학원을 끊어놓으셨다.

예로부터 병은 자랑해야 낫는다는 말이 있다. 여러 사람의 지혜를 모으면 아무리 고치기 힘든 병도 고칠 길이 열린다. 수혁이는 이사를 한 후에도 왕따를 당했다면 일단 자신에게 문제가 있음을 인정해야 한다. 그리고 부모님이나 선생님에게 자신의 결함을 찾아달라고 상담하면 문제를 훨씬 쉽게 해결할 수 있다.

수혁이가 만약 부모님에게 "저한테는 아무 문제도 없는데 그 애들이 괴롭혀요. 전 억울해요."라고 말씀드리면 선생님과 부모님은 수혁이 말만 믿고 그 애들을 몰아세우실 수 있다. 당연히 그 애들을 불러다 야단치실 것이고 그 애들은 수혁이에게 보복하려고 할 것이다. 따라서 어른들에게 상담할 때 어떤 식으로 말을 꺼내는가는 대단히 중요하다. 약간 억울해도 부모님이나 선생님께 왕따 문제를 상담할 때는 자기에게 문제가 있음을 전제로 말을 시작하는 것이 좋다.

왕따당할 때는 시간을 끌수록 문제가 복잡해지므로 혼자 해결하려고 하지 말고 문제가 커지기 전에 어른들과 의논해서 바른 해결책을 찾는 것이 현명하다.

실수를 저질렀을 때

어린 시절에는 누구나 실수가 잦다. 한번 실수를 하고 나면 스스로 '다음에는 절대 실수를 하지 말아야지.'라고 결심하지만 아직 나이가 어려 같은 실수를 반복해서 저지르기 쉽다. 부모님께서 적어도 내가 같은 실수를 저지르지 않으려고 애쓴다는 사실만 인정해주셨으면 좋겠는데 같은 실수를 한 번만 더 저질러도 마치 고의적으로 실수를 저지른 것처럼 야단을 쳐서 자식 마음을 불편하게 만든다.

재효는 매우 건강한 초등학교 6학년 남자 아이다. 건강한 만큼 몹시 부산하다. 방 안에서도 걷는 법이 없이 항상 뛰어다닌다. 그러다 보니 화분이며 아버지가 아끼시던 도자기며 귀중품을 많이 깨뜨려 집 안에는 쓸만한 물건이 없다. 부모님은 재효의 특징을 알면서도 '이제는 그때보다 컸으니 그러지 않겠지.' 하는 마음으로 도자기니 화분이니 유리 장식품을 들여놓았다가 얼마 지나지 않아 재효가 그 물건들을 깨뜨리면 더욱 실망해서 노발대발한다. "저런 천방지축 같으니라고. 내가 못 살아, 정말. 벌써 몇 개째야?" 하시는 말로 시작해서 "열 살도 넘은 애가 부모 말을 꿀꺽 꿀꺽 삼켜?" 하면서 한 시간 이상 잔소리를 늘어놓으신다. 지난번에는 말로는 통하지 않는다고 생각했는지 두 시간 이상 손 들고 앉아서 벌을 서게 하셨다.

그런데 불과 며칠 뒤인 오늘 엊그제 진급한 아버지가 특별한 분으로부터 선물받은 난 화분을 또다시 깨뜨렸다. 며칠 전 아버지는 재효가 아끼던 도자기를 깨뜨렸을 때 "앞으로 아버지가 아끼는 물건을 깨뜨리면 쫓겨날 줄 알아."라고 말씀하셨다. 그래서 재효는 더 이상 부모님의 용서를 구할 수 없을 것이라고 생각하고 화분을 깨뜨리자 무작정 집을 나와버렸다.

재효 가족들은 밤늦도록 재효가 귀가하지 않자 파출소를 찾아가시는 등 난리가 났다. 재효는 부모님의 그런 마음을 모른 채 '이번에는 용서받지 못할 거야.'라는 생각만 했다. 그러나 막상 집을 나오고 보니 딱히 갈 곳도 없고 밤은 점점 더 깊어 가고 배가 고파 고통스러웠다. 그러나 집으로 돌아갈 용기는 나지 않았다. 지금 집에 들어가면 아빠 화분을 깬 일에 집에 제때 들어가지 않은 죄까지 겹쳐 더욱 야단맞을 것이라고 생각했다. 그래서 재효는 집 근처의 공원을 헤매다가 지나가던 불량배들에게 걸렸다. 우두머리로 보이는 청년이 "이 자식 일 저지르고 집 나온 모양이구만. 갈데 없으면 우리랑 함께 가자."라고 말하며 재효의 어깨를 움켜쥐었다. 재효는 덜컥 겁이 났지만 집으로 들어가 부모님에게 다시 쫓겨날 바에는 같이 가자는 사람 따라가는 것이 나을지도 모르겠다는 생각이 들었다.

그러나 재효의 그러한 판단은 재효를 영원히 돌아올 수 없는 어두운 세계로 밀어넣고 말았다. 재효는 끝내 거리의 불량배가 되고 말았다.

사람은 누구나 크고 작은 실수를 저지르며 산다. 부모님도 어린 시절이 있었으며 그때 지금의 자식들처럼 많은 실수를 저지르셨을 것이다. 그런데도 부모님은 자식들이 실수를 저지르면 화를 내며 "아이구, 무자식이 상팔자지. 내가 너 때문에 못살아."라고 말씀하신다. 그런데 자식에게는 부모님의 그런 말씀이 가끔 '저 놈만 없으면 우리는 아주 행복할 텐데. 네가 우리를 귀찮게 해서 불행하다.'라는 말로 들린다. 그런데도 부모님은 "너 도대체 뭐가 되려고 그 모양이니? 사람 구실이라도 제대로 하겠니?"라는 극단적인 말씀까지 하신다.

그러나 부모님은 자식이 정말로 불필요한 존재라거나 앞으로 사람 구실을 못할 거라고 생각해서 그런 식으로 말씀하시는 것

은 절대 아니다. 자식들이 더 이상 같은 실수를 저지르지 말라는 뜻으로 그렇게 말씀하시는 것이다.

　　그러나 똑같은 실수를 저지르고도 자식들의 대응 방법에 따라 부모님의 태도도 달라진다. 가장 좋은 대응법은 부모님이 자식의 실수를 발견하고 화를 내시기 전에 자식이 먼저 잘못을 자백하는 것이다. 만약 아버지께서 아끼는 물건을 여러 차례 깨뜨렸는데 또 깨뜨렸다면 부모님이 "이게 무슨 소리야? 아니 너 또 화분 깼어?"라고 말씀하시기 전에 부모님 앞에 무릎을 꿇고 앉아 "저 또 화분 깨뜨렸어요. 용서받을 수 없다는 거 다 알아요. 무슨 벌이든지 내려주세요. 뭐든지 시키는 대로 할게요."라고 말씀드리는 것이다.

　　한 번 저지른 실수를 뼈아픈 교훈으로 삼아 같은 실수를 반복하지 않는다면 실수 그 자체가 문제될 것은 없다. 그 때문에 실수해도 곧바로 잘못을 빌면 쉽게 용서받을 수 있다. 부모님이 자식의 실수를 나무라는 것은 자식이 같은 잘못을 반복해서 저지르지 않도록 하기 위한 것이기 때문에 실수를 인정하고 반성하는 자식에게 모진 말을 하지는 않으실 것이다.

　　자식을 사랑하는 부모님은 자신의 실수를 인정하는 자식에게 "자전거 타는 법을 배울 때 넘어지면 다시 일어서고 또 넘어지면 다시 일어서는 과정을 되풀이하면서 배우듯이 누구나 실수를 통해서 배우는 거란다."라고 말씀해주실 것이다.

내가 한 일의 결과를 무시할 때

자식들 눈으로 보면 부모의 자식에 대한 욕심은 끝이 없는 것 같다. 자식이 아무리 공부를 열심히 해도 "성적이 그 정도밖에 안 올라갔니?"라고 닦달하고, 책상 정리를 열심히 해놓아도 "방이 그게 뭐냐?" 하고 야단을 치신다. 죽어라 공부해도 반에서 10등 안에 들기가 얼마나 어려운데 성적표를 들고 가면 "그 정도로는 서울에 있는 대학 가기 어렵다."고 하시며 거들떠보지도 않을 때 부모님이 야속하지 않은 자식은 없을 것이다.

그러나 부모님이 공부 못하는 자식에게 "너 참 대단하다. 그만하면 됐으니 이제부터는 놀아도 된다."라고 말씀하신다면 어떻게 되겠는가. 부모님이 자식이 한 일의 결과에 만족하지 못하시는 이유는 자식이 미워서 들볶으려는 것이 아니고 자식에게 더욱 열심히 미래를 준비시키기 위해서다.

그러니 부모님이 자식이 한 일을 우습게 여기는 것 같다고 해서 열 받을 필요는 없다. 간혹 부모 자신의 목표가 너무 높아 자식 능력을 고려하지 않고 자식을 평가하는 분이 계시기는 하지만 부모님들은 대체로 자식들의 장래를 위해 사랑조차 절제하신다. 사실, 자식은 냉정하게 말해서 부모님을 위해 공부하는 것이 아니라 자기 자신을 위해 공부해야 하는 것이다.

그런데도 자식들은 마치 내가 아닌 부모님을 위해 공부하는 것으로 착각하며, 아직 어리다는 이유로 현실적인 문제를 냉정하게 생각하지 않고 감정적으로 대응해 부모님을 곡해하기도 한다. 그래서 부모님이 '나를 싫어한다.'며 자기 자신을 학대하기도 한다. 그러나 부모님이 내가 한 일의 결과를 우습게 여긴다고 느끼면 스스로 부모님이 무엇 때문에 그러시는지, 왜 그러시는지, 앞으로 어떻게 하면 좋아하실 것인지 등을 여쭤봐야 한다.

재권이는 중3인데 체격이 유난히 작아 아직도 초등학생처럼 보인다. 체격은 작아도 힘이 세서 아이들하고 싸워서 지는 경우는 드물다. 그러나 재권이는 그 정도로 만족하지 않고 태권도를 배워 덩치 큰 애들도 완전히 제압하고 싶었다. 재권이는 용기를 내 부모님에게 태권도를 배워보겠다고 말씀드렸는데 어머니는 "뭐? 태권도를 배운다고? 작심삼일이겠지. 또 얼마나 다니다

말려고 그래? 허튼 소리 그만하고 공부나 해. 중3이라고 느긋해할 시간이 있는 줄 아는 모양인데 큰 오산이다."라고 말하며 한마디로 거절하셨다.

재권이가 이 학원 저 학원 다니다가 두어 달 만에 그만둔일이 많아 어머니에게 신뢰를 얻지 못했던 것이다. 재권이 얼굴이 실망으로 가득하자 옆에 계시던 아버지도 "태권도 배워봤자실전에는 별 도움이 안 돼. 더구나 중간에 그만두면 배우나 마나야."라고 거드셨다. 그러나 재권이는 정말로 태권도를 배우고 싶었다. 5월 중간고사 끝나고 고등학교 입학 전까지만 배워도 단증까지 딸 자신도 있었다. 그렇게 되면 친구들도 체격이 작다고 얕보지 않을 것 같았다.

그러나 이미 부모님께 뭐든지 배우다 그만둔다고 찍혀 더이상 부모님을 설득하기는 어려웠다. 그래서 재권이는 부모님에게는 도서관에서 공부한다고 말하고 태권도장 학원비를 벌기 위해 부모님 몰래 편의점에서 아르바이트를 해 태권도 학원에 다니기 시작했다. 그러자 어머니는 또 "얼마나 다니나 보자."라고 하면서도 크게 반대하지는 않으셨다. 그러나 이번에는 재권이가 꽤 오랫동안 늦게 귀가하자 어머니는 별일이 다 있다며 고개를 갸우뚱하셨다. 재권이는 그러한 부모님의 불신을 없애기 위해서라도 반드시 태권도 단증을 따야겠다고 생각했다.

재권이는 아르바이트해서 번 돈으로 태권도를 배워 고등학생이 되기 전에 단증을 따 부모님께 보여드렸다. 그제야 부모님은 서로 "이 놈이 날 닮아서 오기는 있어 가지고."라고 말하며 입을 다물지 못했다. 그 후부터 부모님은 재권이가 한 일의 결과에 대해 미리부터 나쁜 쪽으로 속단하지 않으셨다.

부모님이 자식이 한 일을 탐탁지 않게 여기는 이유는 대체로 자식이 언젠가 부모님께 믿지 못하도록 행동한 적이 있어서이다. 학원에 열심히 다닌다고 약속해놓고 중간에 그만두었거나, 자발적으로 그림이나 운동을 배우겠다고 해놓고는 제대로 배우지 않고 포기한 적이 있을 가능성이 높다. 따라서 부모님이 자식인 내가 한 일의 결과를 신통치 않게 생각하신다면 그런 일이 없었는지를 점검하고 재권이처럼 부모님의 신뢰를 되찾아야 한다.

내 말을 믿지 않을 때

자식이 부모님께 반감을 갖는 가장 큰 이유는 부모님이 자식 말을 믿어주지 않기 때문이다. 숙제를 다 해놓고 잠시 TV를 보는데 "숙제 먼저 해."라거나 "숙제 다 했는데요."라고 대답하면 "그래? 그럼 잠깐 쉬었다가 다시 공부해."라고 말하셔도 될 텐데 꼭 "너 대충 해놓고 다 했다고 말하는 거지?"라고 해서 자존심 상하게 하신다.

자식이 억울해해도 이미 부모 마음은 정해졌기 때문에 "왜 항상 제 말은 믿지 않으시죠?"라고 항변해도 통하지 않을 것이다. 그러다 보니 아예 자기 생각을 말하는 것을 포기하고 문제가 일어나면 화부터 내는 악순환이 거듭된다.

복잡하고 미묘한 말은 집에서 불쑥 하는 것보다 부모님을 밖에서 만나 말하는 것이 좋다. "저 밖에서 뵙고 말씀드릴 것이 있는데요."라고 면담을 요청해 부모님의 직장이나 근처의 카페 같은 곳에서 따로 만나면 된다. 이때 그 동안 부모님이 자신의 말을 믿지 않아 섭섭했다는 점을 솔직하게 말씀드리면 열심히 들으실 것이다. 억울한 감정 때문에 말을 제대로 꺼내기도 전에 눈물을 흘리거나, 부모님이 화를 내신다고 해서 덩달아 화를 내며 말하면 부모님을 밖에서 만나 말한 효과가 없어진다. 따라서 미리 어떻게 말할 것인지를 준비해 줄거리를 충분히 연습한 후 만나는 것이 좋다.

혜준이는 두 살 아래 여동생 하나를 두었는데 여동생 혜진이는 집안의 유일한 딸이다. 그 때문에 혜준이가 여동생 혜진이와 싸우면 무조건 부모님은 혜준이가 잘못했기 때문에 싸운 거라고 말씀하신다. 부모님의 이러한 태도 때문인지 혜진이는 오빠인 혜준이의 말을 우습게 여긴다.

하루는 혜준이가 학교를 마치고 집에 돌아와 보니 거실에 앉아 있는 혜진이가 얼마 전 자신이 백일장 대회에서 받은 상품인 새 시계를 차고 있었다. 혜준이는 자기 자신도 새 시계가 아까워 학교에 차고 가지 않았는데 혜진이가 자기 방에 함부로 들어가 시계를 상자에서 꺼내 떡 하니 차고 있는 모습을 보니 울화통이 터져 참을 수가 없었다. 혜준이는 성격이 깔끔해서 절대 남의 물건

을 만지지도 않고 남이 자기 물건을 만지는 것도 싫어한다. 그런데
도 부모님은 혜준이 방을 마음대로 뒤지는 혜진이 편만 드셨다.

부모님의 이러한 태도 때문에 혜진이는 최근에는 아예 오빠
인 혜준이의 허락도 받지 않고 오빠 방을 뒤져 자기 마음에 드는 물
건을 마음대로 가져가버린다. 얼마 전에는 혜준이 MP3를 몰래 가
져다 친구에게 빌려주기까지 했다. 그 일이 있은 지 며칠 지나지도
않았는데 혜진이가 다시 오빠가 상으로 받은 시계를 꺼내 차고 있
는 것이었다.

혜준이는 너무나 화가 나 다짜고짜 혜진이에게 "너 왜 남의
물건을 말도 없이 가져가고 그래?"하며 얼굴이 뻘게지도록 소리를
질렀다. 그런데도 혜진이는 전혀 미안해하지도 않으면서 "아, 이거?
좀 차보면 안 되냐?"하며 느물거렸다. 혜준이는 너무 화가 나 "왜
너는 남의 물건을 몰래 만지고도 미안해하지도 않니? 너도 내가 네
방 뒤져서 아무거나 가져가면 좋아?"하며 소리를 질렀다. 그러자
혜진이는 "아 되게 떽떽거리네. 어차피 차지도 않으면서 뭘 그래?
알았어. 알았다구. 빼면 되잖아."하며 욕설을 퍼부었다. 혜준이도
지지 않고 "너는 내가 벌써 몇 번이나 말했는데 자꾸만 그러니? 그
렇게 머리가 안 돌아가?"라며 소리를 질렀다. 그랬더니 혜진이는 다
짜고짜 욕을 하며 "존나 짜증나게 구네."라고 말했다. 그리고는 오
빠를 빗자루로 때리기까지 했다. 혜준이는 속수무책으로 매를 맞았
다. 그런데 혜준이가 더욱 화가 난 것은 늦게 귀가한 부모님께 오늘

있었던 일을 말씀드리자 부모님이 "네가 뭘 잘못했으니까 여자애인 혜진이가 너를 때렸겠지."라고 말씀하시는 것이었다.

혜준이는 어려서부터 자기 말은 믿지 않고 혜진이 말만 믿어주시는 부모님이 야속했다. 그리고 가능하면 부모님과 멀리 떨어진 지방에 있는 대학에 들어가 부모님과 만나지 않았으면 좋겠다는 소망까지 갖게 되었다. 아무리 부모님이지만 정이 떨어져서 하루빨리 서로 평생 만나지 못할 곳으로 가버리고 싶은 심정이었던 것이다.

혜준이 같은 경우 부모님에게 정이 떨어지는 것은 이해가 된다. 그러나 부모님이 내 문제를 해결해주지 못할 때 혜준이처럼 소극적으로 대응하면 부모님과 사이만 나빠질 뿐이다. 따라서 부모님이 언젠가는 내 문제를 해결해줄 것이라고 기다리지 말고 자기 스스로 해결책을 찾아야 한다.

혜준이의 경우 맨 처음 혜진이가 자기 방에 들어와 함부로 물건을 만졌을 때 참지 말고 부모님 가게로 찾아가 그 문제를 담판지었어야 했다. 혜준이가 부모님에게 "혜진이가 제 방 뒤지는 것을 말려주세요."라고 진지하게 말씀드렸다면 지금과 같은 문제는 사전에 막을 수 있었을 것이다. 그런데 막연하게 '부모님이 절대 내 말을 믿지 않으실 거야.'라고 단정짓고 혼자 해결하려고 했기 때문에 부모님 안 보는 지방으로 가겠다고 생각할 정도로 사이가 나빠진 것이다.

정해진 해결법 같은 것은 없다.
인생에 있는 것은 진행 중의 힘뿐이다.
그 힘을 만들어내야 하는 것이다.
그것만 있으면 해결법 따위는 저절로 알게 되는 것이다.

−생텍쥐페리

집안 분위기를 띄워야 할 때

　　부모님은 자녀를 사랑하기 때문에 자녀에게는 집안 분위기를 좌우할 만한 힘이 있다. 지금부터는 부모님 눈치만 살필 것이 아니라 직접 나서서 집안 분위기를 이끌어보자. 대화 요령을 조금만 익히면 얼마든지 해낼 수 있다. 자녀가 나서서 집안 분위기를 띄우면 가정의 행복은 배로 늘어날 것이다.

나 때문에 부부싸움을 할 때

부모님의 가장 큰 관심거리는 자식들의 학교 성적이다. 그런데 아버지들은 바깥일에 쫓겨 자식들 공부 문제는 대부분 어머니 차지가 된다. 문제는 자식이 공부를 못하면 그 책임이 다 어머니에게 떨어진다는 점이다. 그래서 어머니들은 자식의 학교 생활을 일일이 다 알고 싶어하시고 자식들의 학교 성적에도 민감해지신다. 자식의 중간고사 시험 범위는 물론 각 교과목의 진도까지 알고 있어야 안심하신다.

그렇게 열심히 뒷바라지하고도 자식의 성적이 오르지 않으면 아버지는 그 결과만 보고 "애를 어떻게 공부시켰길래 저 모양이야?"라며 어머니에게 화를 내신다. 어머니는 "당신이 하면 되잖아! 왜 나한테만 책임을 지라고 그래?"하며 맞받아치신다. 아버지도 지지 않고 "뭐? 그럼 밖에서 일하는 내 잘못이라는 거야?"하고 더 큰 소리를 치신다. 어머니 역시 "당신이 돈만 잘 벌어다줘봐. 무슨 걱정이겠어?"라고 대꾸하신다. 그러면 아버지는 "지금 당신 날 무시하는 거야?"하며 주먹을 들이댄다. 그러면 어머니는 흐느껴 울며 지금까지 시집와 고생한 이야기를 줄줄이 늘어놓는다.

그럴 때 싸움의 원인인 자식들은 쥐구멍이라도 있으면 들어가고 싶어진다. 그러나 쥐구멍으로 들어가면 안 된다. 부모님의 싸움이 더 이상 싸움이 험악해지기 전에 싸움의 원인을 제공한 당사자가 나서야 한다. 부모님의 부부싸움을 단박에 그치게 하려면 "제가 잘못했어요. 공부 열심히 할 테니 그만 싸우세요."라고 말하며 두 분 사이를 가로막아야 한다.

어떤 아이들은 "제 성적이 올라갈지 말지 어떻게 알아요? 그런 약속했다가 성적이 안 올라가면 죽음일 텐데요."라고 말하고 싶을 것이다. 그러나 싸우면 흥분하게 된다. 그래서 싸울 때 자기가 한 말은 대부분 제대로 기억조차 하지 못한다. 따라서 거기까지 가기 전에 무슨 수를 써서라도 위기를 모면하도록 하는 것이 중요하다. 어떤 이유로 시작했건 부부싸움이 끝까지 가면 서로 인신 공격을 하게 되고 점점 더 유치한 말로 상대편에게 상처를 줄 것이다. 그렇게 되면 싸움이 끝난 후에도 큰 후유증이 남는다.

따라서 자식인 내가 그런 일이 생기기 전에 부모님의 싸움을 말려야 한다. 싸움을 말리려면 순간적으로 관심을 다른 곳으로 돌려야 한다. 내가 나서서 "제가 잘못했어요. 지금부터 제가 공부 열심히 할 테니 그만 싸우세요."라고 자신 있게 말씀드리면 부모 님의 관심은 나에게 쏠리게 될 것이다.

친구들에게 부모님에 대해 말할 때

열 살만 넘으면 부모보다 또래 친구들이 더 소중하게 느껴진다. 10대는 현실은 모르고 정의만 알기 때문에 10대의 기준으로 보면 부모는 속물이고 친구들은 자기와 비슷한 정의로운 사람으로 비쳐져 친구에게 부모 흉을 볼 수 있다.

그래서 부모님이 마음에 들지 않는 자식들은 친구들에게 거리낌없이 부모님의 험담을 하기 쉽다. 부모님의 존칭이나 경칭은커녕 친구대하듯 함부로 말하기도 한다. 부모님이 가정에서 폭력을 휘두르거나 자식의 인격을 인정해주지 않으면 친구에게 흉이라도 봐야 속이 후련할 것이다.

그럼에도 불구하고 남에게 자기 부모님에 대해 함부로 말하지 말아야 한다. 부모님 흉이 곧 내 흉이 되기 때문이다. 나한테 부모님의 험담을 들은 친구와 사이가 나빠지면 당장 그 친구는 나에게 들은 우리 부모님 험담을 소문낸다. 이 소문은 곧 나에게 돌아온다.

원정이의 부모님은 최근 이혼하셨다. 원정이 부모님은 맞벌이로 평생 주말 부부여서 한 집에 사신 적이 없어 부모님 이혼이 고통스럽기는 했지만 시간이 지남에 따라 별거 아닌 일로 받아들여졌다. 원정이는 아버지와 살고 어머니는 재혼을 했다. 그러나 원정이는 외가 친척들로부터 어머니가 새로운 가족들과 시골에 왔을 때 밝은 표정이었다는 말을 듣자 왠지 씁쓸했다. 이혼 후 곧바로 재혼한 어머니와 달리 아버지는 여전히 혼자 쓸쓸하게 사신다. 할머니가 살림을 해주시지만 요즘에는 술 마시고 방 안에서 울기도 하신다.

원정이 부모님의 이혼 사유는 아버지의 의처증이었다. 어머니의 직장은 남자 동료들과 술을 마시거나 회식하는 일이 많았다. 그런데 아버지는 약간의 의처증으로 어머니의 그런 태도를 일일이 간섭하다가 이혼을 당하셨다. 원정이는 학교에서 어머니를 호출하거나 학부모 회의가 열릴 때마다 잊고 있던 상처가 도져서 단짝 친구인 유경이에게 "그 아줌마는 시집갔대."라며 어머니를 아줌마라고 부르고, 아버지에 대해서도 "그 아저씨는 이제 와서 후회하나봐."라고 말하곤 했다. 유경이도 원정이의 심정을 이

해하는 듯 거들었다.

그러나 요즘 유경이에게 새로운 친구가 생기더니 이상하게도 원정이를 만나면 서먹해하고 말을 아꼈다. 얼마 지나지 않아 그 동안 원정이가 유경이에게 들려준 원정이네 가정사가 반 안에 소문으로 쫙 퍼졌다. 유경이가 그 동안 원정이에게 들은 이야기들을 친구들에게 하고 다닌 것이 틀림없었다. 소문은 돌면서 거품처럼 부푸는 법이다. 최근에는 반 아이들이 "원정이는 자기 부모를 아줌마, 아저씨라고 부르는 이상한 애야."라는 말까지 돌아다녔다.

고3인 경우 역시 부모님의 불화 때문에 친구들에게 부모님의 험담을 서슴지 않다가 반 아이들에게 부모는 물론 자기 자신마저 무시를 당하며 산다. 경우 아버지는 술꾼이며 술만 마시면 어머니에게 폭언과 폭력을 일삼았다. 경우 어머니는 아버지에게 매를 맞아 코뼈가 부러져 병원에 입원하기도 했다. 아버지의 폭력으로 어머니의 눈은 자주 시퍼렇게 멍들어 있었다. 그런 어머니가 갑자기 이혼 요구를 하고 나섰다. 그런데도 아버지의 폭력은 그치지 않았다.

경우는 자기 힘으로 어떻게 해볼 수도 없고 집에 들어가면 분위기가 살벌해서 방과 후에도 친구들과 배회하다가 밤늦게 집에 들어가곤 했다. 경우는 특히 매일 주사를 하는 아버지가 미워서 아버지라고 부르기조차 싫었다. 그래서 함께 어울리는 친구들에게 "그 새끼 오늘도 술 처먹고 들어올 거야."라고 말하곤 했다. 심지어 중간고사와 기말고사 전날에도 아버지가 술을 마시고 들어와 어머니를 패는 바람에 시험공부는커녕 잠도 제대로 못 자고 학교에 가기도 했다. 어머니는 더 이상 자식 때문에 참을 수 없다며 이혼하겠다고 하고 외할머니와 이모들도 이혼을 권했다.

경우는 집이 싫어 친구들과 독서실에서 자고 바로 학교로 가기도 했다. 그리고 친구들에게 아버지 욕하는 것으로 하루하루를 견뎠다. 그런데 경우가 복잡한 가정사 때문에 신경이 날카로울 때 반에서 노는 애가 경우에게 시비를 걸었다. 경우는 기다렸다는 듯 그 아이를 두들겨 팼다. 그러나 이 일이 있은 후 지금까지 같이 놀던 친구들마저 "걔네 집은 대를 이어 폭력을 사용하는 집이야."라며 슬슬 경우를 피했다. 뿐만 아니라 그 동안 경우가 들려준 가정사를 소문까지 냈다.

이처럼 부모님과 사이가 나쁘고 집안이 어려워도 친구들에게 부모님을 무시하거나 부모님 흉을 보면 그 화살이 자신에게 돌아온다. 부모에 대한 험담은 얼마든지 나 자신에 대한 험담이 될 수 있기 때문에 부모님이 자기 마음에 들지 않더라도 친구들에게 부모님에 대해 말할 때는 부모님에 대한 호칭을 함부로 부르거나 욕을 하면 안 된다. 남에게 내 부모님에 대해 말할 때는 항상 비난하더라도 존칭과 존대어만은 챙겨서 사용하는 것이 현명하다. 그것은 부모님을 위한다기보다 자기 자신을 위한 일이다.

부모님이 고마울 때

자식들은 이상하게도 부모님이 자기를 불편하게 하면 즉각 화를 내면서도 정작 부모님께 고마움을 느낄 때는 아무 말도 안 한다. 어른들이 자기가 잘한 일을 칭찬해주지 않으면 화를 내면서도 자식들 자신은 부모님께 '고맙습니다, 감사합니다, 사랑합니다.'와 같은 말을 생략해도 된다고 생각한다.

부모님이 자식들에게 "잘했다." "고맙다."라는 말에 인색하더라도 자식이 먼저 부모님께 "감사합니다." "사랑합니다."라고 말하면 부모님의 굳게 닫힌 마음의 빗장이 쉽게 풀릴 것이다.

《소중한 사람에게 주는 내 영혼의 비타민》의 저자 나카타니 아키히로는 '고맙습니다.'라는 마법의 주문은 듣는 사람에게

3초 동안 하늘을 날아가는 기분을 맛보게 해준다면서 그럴 때 부탁을 하면 누구나 말을 순순히 들어주게 되어 있다고 말한다.

2부

부모와 대화가 통하는

자녀의 말하기 전략 10

전략 1

내 부모에게도 남의 부모에게 말할 때만큼 예의를 지켜라

가까운 사이일수록 예의를 지켜야 한다. 부모 자식간은 가장 가까운 사이여서 생각나는 대로 말해도 된다고 생각하기 쉽지만 오히려 너무나 가까운 사이여서 작은 일에도 상처 받기 쉽다. 따라서 내 부모님께 말할 때도 남의 부모에게 말할 때처럼 반드시 내가 이 말을 하면 부모님이 어떻게 해석할지를 생각해보고 말해야 한다.

그리고 내일부터라도 당장 부모님께 "안녕히 주무셨어요?" "안녕히 주무세요."라고 인사하는 습관을 들여야 한다. 인사는 별 것 아닌 것 같지만 인사를 받으면 누구나 상대편에게 대접받는 느낌을 받는다.

요즘은 사오정이니 삼팔육이니 해서 부모들의 어깨가 많이 처졌다. 그 때문에 어린 자식들이 부모님 말씀에 귀를 기울이지 않으면 부모님은 자식이 자기를 무시한다고 곡해하기 쉽다. 미리부터 부모님과 세대차가 난다며 부모님의 말씀을 듣지 않으려고 하지 말고 풍부한 인생 경험에서 나온 좋은 말들을 듣는 기회로 삼아라.

그리고 자발적으로 부모님의 자질구레한 심부름을 해드리면 부모님은 자식 말을 잘 받아들이실 것이다. 신발 정리, 쓰레기 버리기, 목욕탕 정리 같은 사소한 일들도 조금만 거들면 부모님을 기쁘게 해 부모님과의 대화를 편하게 만들어준다.

무엇보다 부모님에게 공손한 태도로 말하는 것은 매우 중요하다. 부모님과 격의 없이 반말을 하면 부모님에 대한 존경심을 갖기 어렵다. 부모님을 친구처럼 다정하게 대하더라도 기본적인 예의는 반드시 지켜야 좋은 관계가 오래 유지된다.

전략 2
부모가 화가 났을 때는
절대 같이 화내지 말라

부모님이 화를 내시면 자식들은 대체로 억울하다는 생각부터 한다. 그러나 부모님이 자식들에게 화를 내시는 원인은 대체로 자식들에게 있다. 자식들이 부모님이 원하는 만큼 성적을 올리지 못했거나, 늦게 귀가하거나, 집안 정리를 하지 않거나, 부모님 마음에 들지 않는 친구를 사귀었거나, 형제끼리 싸울 때 부모님은 화를 내신다.

물론 부모님이 잘잘못을 분명히 가리지 않고 일단 화부터 내시는 경우도 있다. 그 때문에 부모가 화를 내시면 어떤 때는 억울해서 함께 고함이라도 치고 싶을 것이다. 그래서 "왜 저만 가지고 그러세요?"라며 말대꾸를 하거나 입을 꾹 다물고 눈을 치켜 뜬 채 부

모님에게 반항하는 자식들도 있다. 그럴 경우 자식에게 돌아오는 것은 부모님의 화난 모습과 폭언뿐이다.

사람은 화가 나면 공격적인 행동을 하게 된다. 아무리 화가 나도 부모님께 친구들에게 사용하는 거친 말이나 욕설까지 하며 대들면 부모 자식 사이는 남보다 더 멀어진다. 그쯤 되면 부모님 입장에서는 자식이 부모의 권위에 직접적인 도전을 한 것으로 여겨 절대뒤로 물러설 수 없게 된다. 그래서 자식에게 해서는 안 될 막말까지해버릴 가능성이 높아진다.

따라서 자식은 아무리 억울해도 부모님이 화내실 때는 맞대응하지 말고 일단 피해야 한다. 젊고 팔팔한 나이의 자식이 부모님을 위해 화를 참는 것이 그리 쉬운 일은 아니다.

부모님이 자식에게 화내는 이유가 다소 억울해도 무조건 "잘못했습니다."라고 빌고 얼른 그 자리를 피하도록 자기 자신을 훈련해야 한다. 사람의 기본적인 감정인 희로애락은 오래 지속되는 것이아니기 때문에 폭발적인 감정 상태에서는 잠깐만 피하면 된다.

부모님이 화낼 때 한 발짝 비켜섰다가 화가 가라앉으면 슬며시 다가가 억울한 사연을 말하면 문제는 해결된다.

전략 3

야단을 맞더라도 잘못은 미리 고백해라

자식들은 누구나 부모의 꾸지람을 들으며 자란다. 아직 미숙하고 실수가 잦아 부모의 꾸지람 없이는 바르게 자랄 수도 없다. 그러나 자식들은 가능한 한 부모님께 꾸지람을 듣지 않으려고 잘못을 시정하고 같은 잘못을 저지르지 않으려고 노력하면서 성숙해간다.

그러나 꾸지람을 듣고 싶은 사람은 없을 것이다. 그래서 어떤 자식들은 부모님께 꾸지람을 듣지 않으려고 잘못을 숨기고 싶어 한다. 그러나 하나를 숨기면 그것이 들통나지 않도록 더 많은 것을 숨겨야 한다. "바늘 도둑이 소 도둑 된다."는 말은 여기서도 적용된다. 성적이 내려가 부모님께 보이면 불호령이 떨어질 것이 두려워

성적표를 조작하면 다음에는 더 좋은 성적을 받아야 하기 때문에 계속해서 성적표를 조작해야 한다. 그런 일이 반복되는데 들키지 말라는 보장이 없다. 부모님이 우연히 선생님을 만나거나, 학부모 회의에 참석하거나, 자신이 잘못을 저질러 학부모 호출을 당하거나, 부모님이 선생님을 접할 수 있는 기회는 언제든 열려 있지 않은가? 그러니 성적표를 조작하는 것보다 아예 부모님 앞에 무릎을 꿇고 "제 성적이 형편없이 떨어졌어요. 다음에는 꼭 올릴 테니 용서해주세요."라고 고백하는 것이 안전하다.

부모님이 더 이상 사귀지 말라는 친구와 계속해서 몰래 사귀었는데 결국 그 친구가 나를 해코지한다면 부모님이 얼마나 화를 내며 꾸짖을지 알기 때문에 누구도 부모님께 그 사실을 말할 용기를 내기가 어려울 것이다. 그러나 부모님 몰래 혼자 해결하려고 할수록 나중에는 도저히 감당할 수 없는 지경에 이르기 쉽다. 그때는 부모조차 도와줄 수 없게 된다.

따라서 그 친구가 같이 학원을 땡땡이 치자고 하거나 PC방에만 가자고 조르는 등 계속해서 옳지 않은 일을 하자고 하면 그만 만나자고 하고, 그 친구가 순순히 놓아주지 않으면 부모님께 야단을 맞더라도 솔직하게 말씀드리는 것이 좋다. 물론 부모님은 "그러게 내가 뭐라고 했어? 그런 아이는 사귀지 말라고 몇 번이나 말했니?" 하며 화를 내시겠지만 부모님만이 나를 그 친구로부터 구출해주실 수 있다.

문제아로 찍힌 아이들도 자세히 알고 보면 처음부터 문제아
였던 아이들은 드물다. 위기에 처했을 때 부모님께 자신의 잘못을
고백하지 못하고 혼자 처리하려다가 일을 키워서 문제아로 전락한
경우가 대부분이다. 부모님이 자식을 자주 꾸짖는 이유는 자식의 실
수가 싫어서가 아니라 자식이 잘못을 제대로 깨닫지 못할까봐서다.

세상에서 자식을 가장 아끼고 염려하는 사람은 부모님이다.
그런 분들에게 잘못을 용서받는 방법을 모른다면 사회에 나가 냉정
하기 짝이 없는 동료들에게 잘못을 저질렀을 때는 어떻게 대처할 수
있겠는가?

잘못을 저지르면 부모님께 야단맞더라도 어떻게 하면 부모
님이 알아내시기 전에 내가 먼저 잘못을 고백해서 부모님 마음을
가볍게 해드릴 것인지부터 생각하면 부모님과 항상 좋은 관계를 유
지할 수 있다.

전략 4

감정과 느낌은
숨기지 말고 말해라

부모님이 밉거나 싫은 이유는 부모님이 자식의 생각을 이해하지 못하고 자식이 원하지 않는 행동을 하시기 때문일 것이다. 자식들은 자신이 다른 형제에 비해 사랑을 덜 받는다는 느낌이 들거나, 부모님의 어떤 태도가 자신을 무시한다고 느껴 불편한 데도 부모님이 여전히 같은 행동을 되풀이하시면 아무리 부모일지라도 미운 마음이 생길 것이다.

그러나 '부모님이 내 말을 건성으로 듣는 이유가 혹시 나를 미워해서?' 와 같은 오해를 해본 자녀라면 왜 그런 오해를 했었는지 생각해볼 필요가 있다. 아마도 부모라면 당연히 자식이 무엇 때문에 마음이 상했는지를 파악할 줄 알아야 한다고 믿었다가 그러한 믿음이 깨졌기 때문일 것이다. 그래서 드러내놓고 부모님께 툴툴거리거나 부모님의 물음에 입을 조개처럼 다물고 대답을 하지 않아 부모님을 더욱 화나게 했을 것이다.

사서 삼경 중 《대학》에는 "내가 남에게 거슬리게 나가면 역시 거슬린 말이 자기에게 돌아온다."라는 말이 있다. 이처럼 자식과 부모가 서로 상대편을 원망하기만 하면 불필요한 악순환이 되풀이될 뿐이다. 그러다 보면 부모와 마주치기 거북해서 집에 들어가는 것도 싫어질 것이고 그 때문에 집안 분위기는 매우 어두워질 것이다.

자식들도 이러한 악순환의 고리를 끊어야 할 의무가 있다. 아무리 부모라 할지라도 자식의 속마음까지 꿰뚫어볼 수는 없어 자식이 무엇 때문에 부모님에게 섭섭한지 직접 설명하지 않는 한 자식의 속마음을 꿰뚫어보기는 어렵다.

부모님에게 자기 생각을 솔직하게 말하는 것이 부모님의 사랑을 받는 길이다. 부모님께 솔직한 심정을 말했다가 오히려 야단만 맞은 경험이 많다면 자신의 말투를 점검해보아야 한다. 같은 말도 짜증스럽게 하거나 부모님을 원망하는 내용으로 말하거나 따지듯 버릇없이 말하면 내용이 정당해도 내 생각이 제대로 전달되지 않아 오해받을 수 있다.

부모님은 자식들이 "지난번에 아버지가 영훈이에게만 컴퓨터를 사다주셔서 저는 주워온 아들인지 알았어요."라고만 말씀드려도

자식들이 무슨 말을 하려는지 다 아신다. 따라서 부모님께 말씀드릴 때는 우회적으로 자신의 심정이 어떠했는지만 말씀드려도 된다. 다시 말하면 부모님에게 섭섭한 감정을 말할 때는 '무엇 때문에 이렇게 됐다.'라고 하지 말고 '그 일을 보았을 때 저는 이런 심정이었다.' 라고 말씀드리라는 것이다.

이것을 좀더 전문적으로 말하면 나 메시지(I-Message)로 말하라는 것이다. 나 메시지는 '너 때문에'가 아니라 '나는 이랬다'라는 식으로 말하는 것이다. 아무리 하기 어려운 말도 나 메시지로 솔직하게 말하면 어려운 상대에게도 내 생각을 쉽게 전할 수 있다.

전략 5

감사합니다,
사랑합니다를 자주 말해라

표현하지 않으면 생각하지 않는 것과 같다. 부모님이 자식에게 "장하다." "잘했다."라는 말씀을 하지 않고 속으로만 생각하시면 부모님이 자식에 대해 어떻게 생각하시는지 알 수 없듯 부모도 자식이 "감사합니다." "사랑합니다."라고 말씀드리지 않으면 자식이 부모님을 얼마나 사랑하는지 모를 수밖에 없다. 부모 자식간이라도 서로 속마음을 들여다볼 수는 없기 때문에 고마우면 "고맙습니다." 사랑하면 "사랑합니다."라고 표현해야 마음이 전달된다.

우리나라 사람들은 남에게 좋은 말은 잘 안 하고 지적은 날카롭게 하기 때문에 부모 자식간에도 서로 좋은 말은 생략하고 나쁜

말은 정확하게 해서 감정을 상하곤 한다. 누구나 좋은 말을 들으면 감동하기 때문에 부모님도 자식들이 "감사합니다." "사랑합니다."라고 말씀드리면 '우리 애가 벌써 이렇게 컸구나.' 하며 감동하실 것이다. 말로는 "내가 뭐 그런 말 들으려고 그랬냐? 다 너희들 잘 되라고 그러는 거지."라고 하셔도 기뻐서 입을 다물지 못하실 것이다. 자식도 부모가 "너만 믿는다." "네가 그렇게 해주어서 고맙다."라고 말해주면 그 동안 쌓였던 스트레스까지 다 풀리듯 부모님도 자식이 조그만 일에 "고맙습니다."라고 말씀드리면 지금까지 자식들 때문에 고생한 일들이 한순간에 보람으로 바뀌실 것이다. 조금만 신경을 쓰면 집안 분위기를 180도 바꿔놓을 수 있다.

'감사합니다.' '사랑합니다.'라는 말은 큰 노력 없이 부모님을 기쁘게 해줄 수 있는 마술 주문이다. 부모님이 자식이 하는 일마다 못마땅해하고 짜증을 내신다면 이 마술 언어를 사용해보라. 금세 부모님의 태도가 달라지실 것이다. 물론 여태까지 그런 말을 해본 적이 없다면 그 말이 목에 걸려 잘 안 나올 것이다. 그럴 때는 혼자 있을 때 "어머니, 감사합니다." 또는 "아버지, 감사합니다."라고 한 50번씩 중얼거려보라. 그러면 어느 순간 자기도 모르게 그 말이 나올 것이다.

부모만 자식에게 좋은 말을 해야 할 의무가 있는 것이 아니다. 자식도 부모가 기뻐할 말을 해야 부모님의 사랑을 받을 수 있다.

전략 6

부모는 나와
다른 사람임을 인정해라

한 날 한 시에 태어난 쌍둥이도 의견 차를 보인다. 따라서 부모와 자식의 의견이 다른 것은 너무나 당연하다. 자식이 부모를 이해하지 못하는 가장 큰 이유는 자식이 부모는 항상 자식과 같은 의견을 가져야 한다고 믿기 때문이다. 그러나 부모는 자식들과 살아온 세대가 다르고 개성도 다른 별개의 사람일 뿐이다. 자식이 이러한 사실을 인정해야만 부모와의 대화가 쉬워진다.

자식들은 부모 자식간에도 성격 차가 있고 부모가 태어나 경험한 것들과 자식들의 그것에는 많은 차이가 나기 때문에 부모와 자식의 가치관이나 인생 목표는 다를 수밖에 없음을 인정해야 한다. 그렇지 못하기 때문에 자식들이 부모가 자신들의 사고방식을

이해하지 못하면 답답하다는 말을 하는 것이다. 그러나 자녀가 부모는 자신과 다른 사람임을 인정한다면 부모님 말씀이 다르게 들릴 것이다.

전략 7

때로는 논리적으로 때로는 어리광을 피우며 말해라

부모가 자식에게 기대하는 것은 때로는 어른스럽고 의젓한 모습, 때로는 부모 품안에서 어리광을 부리는 상반된 모습이다. 그래서 사실은 자식들이 마냥 어리광을 피우며 말하면 그다지 좋아하지 않지만 그렇다고 항상 어른스럽게 말하는 것도 원하지 않으신다.

부모는 집안 분위기가 어수선할 때 자식들이 입을 봉하고 무게를 잡는 것보다 재롱을 부리며 분위기를 반전시키기를 원한다. 특히 부부간의 의견 대립으로 분위기가 무거울 때 자식들의 어리광으로 분위기가 달라지기를 내심 기대하신다.

자식은 대체로 부모님께 자신이 원하는 물건을 사달라고 조

르거나 용돈을 올려달라고 우길 때는 서슴없이 어리광을 부린다. 그럴 때 부모님은 "도대체 언제 철들래?" 하며 나무라시면서도 즐거워하신다. 그러나 부모님이 원하는 어리광은 가정의 분위기를 반전시키는 유머 감각이다.

"저는 말도 잘 못하고 숫기가 없어서 밖에서도 애들을 웃기지 못하는데 어떻게 집에서 어리광을 부릴 수가 있나요?" 하며 반문하고 싶은 자녀들도 있을 것이다. 그러나 집이야말로 유머 감각을 기르기 가장 좋은 학습장이다. 듣는 사람들이 좋아하는 유머는 말하는 사람 자신이 망가지는 이야기이다. 친구들에게는 자존심 때문에 자신이 완전히 망가진 모습을 보여주고 싶지 않겠지만 부모님께는 굳이 자존심을 내세울 필요가 없어서 얼마든지 유머 감각을 발휘할 수 있다.

예를 들어 부모님이 부부싸움을 하면서 서로 같이 사는 이유가 자식들 때문이라고 핑계를 대실 때 "저희를 말씀하시는 건 아니죠?"라는 말 한 마디만 해도 부모님은 어이없는 웃음이 터져 더 이상 싸울 수 없을 것이다. 친구들 같으면 "너 바보 아냐?" 하며 무시할지 몰라 그런 말 하기를 꺼릴 수 있지만 부모님에게는 아무렇지 않게 할 수 있다.

특히 실수로 집 안의 물건을 깨뜨렸거나 옷이나 컴퓨터를 망가뜨렸을 때는 미리 자기 몸을 보자기를 이어붙인 끈으로 묶고 부모님 앞에 나타나 "죽을 죄를 졌으니 알아서 처분해주세요."라고 한다면 부모님은 웃음이 나와서 더 이상 벌 주기도 힘드실 것이다.

그러나 때와 장소를 구분하지 않고 그런 식으로 말하면 "실없는 것 같으니라고." 하며 핀잔을 주실 것이다. 그러니까 진지하게 성적이나 진로 문제를 말할 때는 절대 그런 식으로 대응해선 안 된다. 정중하게 듣고 자신의 생각을 조리 있게 말해서 '우리 애가 이제 다 컸구나.' 라는 생각이 들도록 해야 한다. 이 두 가지를 잘 조절하면 부모님께 큰 사랑을 받을 수 있다.

전략 8
부모가 싫어하는 사람을
두둔하지 말라

동성이나 이성 친구를 사귈 때 부모님이 반대하면 자식은 무슨 수를 써서라도 친구를 두둔해 부모님이 친구를 인정해주기 바란다. 그러나 사람은 누구나 자기가 싫어하는 사람을 누군가가 두둔하면 그 사람이 더 싫어진다.

따라서 부모님이 내 친구를 별 이유 없이 싫어하시더라도 정면으로 그 친구를 두둔하지 않는 것이 좋다. 특히 부모님이 그 친구와 사귀면 안 되는 이유를 설명하시는데 중간에 화를 내며 "그 애는 그런 애가 아니란 말예요."라고 쏘아붙이면 부모님은 절대 그 친구를 좋게 보지 않으실 것이다.

정말로 그 친구가 마음에 들고, 좋은 친구여서 부모님이 아

무리 반대해도 사귀고 싶을수록 부모님 의견에 정면으로 맞서면 안 된다. 오히려 "잘 알겠습니다. 다시 한 번 살펴보겠습니다."라고 말 하는 것이 유리하다. 성격이 급한 부모님이라면 "당장 그만 만난다 고 어서 말하지 못해?" 하며 다그치실지도 모른다. 그럴 때는 좀 힘 들더라도 즉각 "예." 혹은 "아니오."를 분명하게 대답하지 말고 "잘 생각해보겠습니다."라고 말꼬리를 남기며 대답하는 것이 좋다. 대 답을 분명하게 해버리면 나중에 문제가 더 커질 수 있으니 조심해야 한다.

중요한 것은 부모님이 왜 그런 식으로 말씀하셨는지 냉정하 게 생각해보는 것이다. 부모님은 자식들보다 인생 경험이 다양하기 때문에 자식들과 세상을 보는 관점이 달라서 그 친구를 사귀지 못하 게 하는 분명한 이유가 있을 것이기 때문이다. 내키지 않더라도 얼 마간은 약간의 거리를 두고 그 친구를 객관적으로 평가해볼 필요가 있다.

그런 과정을 거쳤는데도 여전히 그 친구와 사귀고 싶다면 부 모님을 속이려 하지 말고 부모님을 설득하도록 노력해야 한다. 부모 님이 자신의 말을 즉각 다 받아줄 거라는 기대를 버리고 인내심을 가지고 서서히 설득하도록 해야 한다. 예를 들면 "이번에 규환이가 상을 탔어요." 등 그 친구의 장점을 하나씩 지나가는 말로 던져 부모 님 머릿속에 그 친구에 대한 이미지를 새롭게 만드는 것이다. 그렇게 하면 별 무리 없이 지금은 부모님이 싫어하지만 내가 좋아하는 친구를 곧 부모님도 좋아하게 만들 수 있다. 급할수록 돌아가라는 말은 설득에도 매우 필요한 말이다.

전략 9

부모의 질문에는
즉각 대답해라

대화가 어려운 이유는 말의 내용뿐만 아니라 말하는 사람의 태도와 표정이 말의 내용을 바꾸어버리기 때문이다.

부모님께 가장 많은 오해를 받을 수 있는 태도는 부모님 질문에 즉각 대답하지 않는 것이다. 질문을 한 사람은 답변을 듣고 다음말을 해야 하는데 자식이 답변을 하지 않으면 말이 끊기게 된다. 또한 답변을 하지 않은 이유가 부모님 질문을 우습게 여기거나 가치가 없다고 받아들였다는 오해를 받기가 쉽다. 자식인 우리도 친구들에게 문자를 보내거나 메시지를 남겼을 때 곧 대답해주지 않으면 "내 말을 씹었어?" 하면서 화를 내듯 부모님도 자기 말을 씹는 자식

이 예뻐 보일 리 없다.

부모님의 경우에는 상대가 자식이기 때문에 더욱 화가 나실 것이다. 부모님이 질문하면 즉각 대답하는 것만으로도 이러한 오해를 크게 줄일 수 있다.

부모님께 사랑을 받으려면 부모님이 아무리 시시한 질문을 하시더라도 즉각 대답하라. 부모님이 말꼬리를 잡는 스타일이라면 간결하게 답변해도 된다. 그러나 절대 말을 씹으면 안 된다.

전략 10

절대 말대꾸는
하지 말라

부 모는 기본적으로 자식에게 받아야 할 대접이 있다고 믿는다. 그 중 가장 중요한 것이 자식이 부모님께 순종하는 것이다. 특히 부모님 세대는 자기 부모에게 절대 복종하며 자랐기 때문에 더욱 그렇다. 그러나 자식들은 자기 주장이 분명해 부모님 말씀이 다 옳다고는 생각하지 않는다. 부모님일지라도 틀린 것은 틀리다고 말해야 속이 시원하다.

그러나 그런 태도는 부모님과의 갈등만 키워 의사소통을 방해할 뿐이다. 물론 자식도 사람인 이상 아무리 부모라도 부당한 요구를 하거나 이해가 안 되는 말씀을 들으면 당장 반박하고 싶을 것이다. 그러나 부모는 부모 고유의 권한 때문에 자식들이 정당한 이

유로 말대꾸를 해도 말대꾸했다는 그 사실만으로도 화가 난다. 그래서 자식들이 말대꾸를 하면 일단 "어디다 대고 말대꾸야?" 하며 흥분부터 하신다.

그런 감정 상태가 되면 판단력이 흐려져 듣기 좋은 말이 나오지 않는다. 따라서 정말로 부모님께 반대 의견을 전하고 싶으면 말대꾸를 삼가야 한다. 싫어도 묵묵히 듣고 있다가 부모님 말씀이 다 끝나면 기회를 봐서 조리 있고 차분하게 다시 말하는 것이 좋다. 그렇게 하면 대부분의 부모는 냉정을 되찾아 "네 말도 일리는 있구나." 하며 자식의 말을 진지하게 들으실 것이다.

상대방이 내 말을 귀담아 듣도록 하는 것이 의사소통의 기본 덕목이다.

체크 리스트

부모와 자녀가 꼭
알아야 할 대화법

자녀편

자식이라고 해서 부모와 수동적으로 대화를 할 필요는 없습니다. 대화란 양쪽 모두의 노력에 의해 원활해지는 것입니다. 지금 부모님과 대화가 통하지 않는다고 생각한다면 당신은 과연 얼마나 부모님과 대화를 잘 나누고 있는지 점검해봅시다.

다음 내용을 읽고 그 정도에 따라 ❶ 그렇다 ❷ 그런 편이다 ❸ 그럴 때도 있고 그렇지 않을 때도 있다 ❹ 비교적 그렇지 않다 ❺ 그런 적이 없다 순으로 답해주시기 바랍니다.

---

01 우리 부모님은 내가 하는 일은 무조건 반대하신다   ❶❷❸❹❺

02 우리 부모님은 내가 하는 일을 믿지 않으신다   ❶❷❸❹❺

03 우리 부모님은 내가 좋아하는 것을 싫어하신다   ❶❷❸❹❺

04 우리 부모님은 고지식하고 보수적이어서 내 말은 귀담아   ❶❷❸❹❺
　　듣지 않으신다

05 우리 부모님은 나를 다른 형제와 친구들과 비교하면서   ❶❷❸❹❺
　　안 좋은 점만 말씀하신다

06 우리 부모님은 너무 엄격해서 말 붙이기가 어렵다   ❶❷❸❹❺

07 우리 부모님은 내가 말만 꺼내면 조용히 하라고 말씀하신다   ❶❷❸❹❺

08 우리 부모님은 내가 공부하는 기계인 줄 아신다   ❶❷❸❹❺

09 우리 부모님은 우리들 세대를 지난 적이 없는 분들 같다 ①②③④⑤

10 우리 부모님은 내 행복보다 내가 부모님 위신 세워주는 ①②③④⑤
사람 되기를 바라신다

11 나는 부모님께 성적표 드리기가 겁난다 ①②③④⑤

12 나는 부모님께 친구들과의 일을 말씀드리기 싫다 ①②③④⑤

13 나는 이 다음에 대학 가면 부모님과 따로 살고 싶다 ①②③④⑤

14 나는 부모님이 싫어하실 말은 안 하고 나 혼자 해결한다 ①②③④⑤

15 나는 집보다 밖에 나가 있는 것이 더 편하다 ①②③④⑤

16 나는 부모님이 부부싸움을 하시면 슬그머니 나가버린다 ①②③④⑤

17 나는 남의 부모님에게는 친절하게 말할 수 있는데 우리 ①②③④⑤
부모님에게는 나도 모르게 화를 내며 말하게 된다

18 나는 부모님께 속마음을 말해본 적이 없다 ①②③④⑤

19 나는 부모님이 시키시면 귀찮아서 하라는 대로 한다 ①②③④⑤

20 나는 부모님께 야단맞는 것이 그 어떤 것보다 싫다 ①②③④⑤

결과 __

각 항목의 답변 중 1번은 1점, 2번은 2점, 3번은 3점, 4번은 4점, 5번은 5점을 주시기 바랍니다.

80점 이상
당신은 비교적 부모님과 대화를 잘하는 자녀입니다. 항상 지금처럼 하시면 이 다음에 성인이 되어도 부모님과 좋은 관계를 맺고 사실 수 있을 것입니다.

80점부터 60점
당신은 부모님과 대화를 하기는 하지만 가끔 의견 충돌을 빚어 갈등을 일으킬 것입니다. 이 책에서 제시한 상황별 대처 방법을 참고하시면 당신도 곧 부모님과 대화를 잘하는 자녀가 되실 것입니다.

60점부터 40점
당신은 부모님 말씀이 마음에 들지 않으면 먼저 나서서 부모님께 대화를 트지는 못하는 타입일 것입니다. 이제부터라도 용기를 내서 이 책을 참고해 부모님께 내가 먼저 대화를 트는 자녀가 된다면 마음이 편해져서 성적도 올라가고 생활도 즐거워질 것입니다.

40점 이하
부모님이 알아서 대화를 트지 않으시면 자신이 나서서 대화할 생각이 없는 사람입니다. 아마 부모님께서는 당신 때문에 마음에 상처를 많이 받으셨을 것입니다. 부모 자녀간의 대화는 부모님 혼자 노력한다고 해서 잘할 수 있는 것은 아닙니다. 자녀인 당신도 부모님의 취향과 성격, 철학, 자라온 배경을 이해하고 부모님이 받아들일 수 있도록 말하려는 노력을 기울여야 합니다. 그래야만 학교 생활도 원활해지고 교우 관계도 좋아질 것입니다.

부모와 자녀가 꼭 알아야 할 대화법

자녀편

초판 1쇄 인쇄 2004년 11월 26일
초판 1쇄 발행 2004년 12월 7일

지은이 | 이정숙
펴낸이 | 한 순 이희섭
펴낸곳 | 나무생각
편집 | 신철호 노은주 김은정 서은영
마케팅 | 나성원 김선영
출판등록 | 1998년 4월 14일 제13-529호
주소 | 서울특별시 마포구 서교동 475-39 1F
전화 | 334-3339, 3308, 3361
팩스 | 334-3318
이메일 | tree3339@hanmail.net namu@namubook.co.kr
홈페이지 | www.namubook.co.kr

ISBN 89-88344-96-0

www.namubook.co.kr

우편 엽서

우편요금
수취인 후납부담

발송유효기간
2004.2.18~2006.2.17

서울마포우체국
제1215호

나무가 보내는 건 침묵과 기도
그리고 자혜의 숲으로
당신을 초대합니다.

보내는 사람

주소

연락처

　　　－　　

도서출판 **나무생각**

서울시 마포구 서교동 475-39 1F

전화 334-3339, 3308, 3361 팩스 334-3318

tree3339@hanmail.net, namu@namubook.co.kr

1 2 1 - 8 4 2

나·무·생·각·독·자·카·드

당신의 귀중한 한마디가 또 한 권의 책을 만듭니다.
(독자카드를 보내주신 분들 가운데 추첨하여 나무생각 신간도서를 보내드립니다.)

● 구입한 책 제목

● 구입한 동기

  □ 주위의 권유로   □ 출판사가 믿을 만해서   □ 저자가 마음에 들어서
  □ (   )에 실린 광고를 보거나 듣고
  □ (   )에 실린 신간안내, 서평을 보고
  □ 내용 · 제목 · 표지디자인이 마음에 들어서

● 구입 방법

  □ 서점방문(서점명:)   □ 인터넷 주문   □ 전화 주문

● 이 책에 대한 느낌

  ① 책의 내용이   □ 만족스럽다   □ 보통이다   □ 만족스럽지 않다
  ② 책의 제목이 내용을   □ 잘 표현했다   □ 잘 표현하지 못했다
  ③ 글자 크기가 읽기에   □ 알맞다   □ 무난하다   □ 작다   □ 크다
  ④ 책 값이   □ 알맞다   □ 싼 편이다   □ 비싼 편이다
  ⑤ 책의 표지가   □ 잘 되었다   □ 무난하다   □ 잘못 되었다

● 지금 읽고 있거나 기억에 남는 책

  국내작품 (   )   외국작품 (   )

● 앞으로 꼭 읽고 싶은 책이나 출간을 바라는 책

  국내작품 (   )   외국작품 (   )

● 나무생각에 하고 싶은 말

이름   (남, 여)   생년월일   년   월   일
직장(또는 학교)   전화
E-Mail
주소 □□□-□□□